북한의 대중문화

연극과 영화를 통해 본
북한 사회

차례

Contents

예술의 종류

북한의 표준어인 문화어에는 '대중예술'이라는 용어가 존재하지 않는다. 북한 문화어사전 『조선말 대사전(사회과학원 언어연구소 편)』과 『문학예술사전(과학·백과사전출판사)』에서 대중예술에 상응하는 용어는 '문학예술'이다. 이 사전들은 예술을 다음과 같이 규정하고 있다.

> 인간과 그 생활을 형상적 수단과 형식으로 반영함으로써 사람들의 사상 정서적 교양에 이바지하는 사회적 의식의 한 형태. 가극, 음악, 무용, 미술, 연극, 영화 그 밖의 여러 가지 형식이 있다(『조선말 대사전』).

구체적이며 감성적인 예술적 형상을 통하여 사람들의 생활
을 비롯한 현실을 반영하는 사회적 의식의 한 형태(『문학예술
사전』).

북한에서 예술이란 사회현실을 반영하고 사람들을 사상 정
서적으로 교양하는 사회적 이데올로기다. 곧 예술은 주체사상
을 교양하는 사회적 도구다. 예술이 이데올로기적 도구로 작동
하기 위해 가장 중요한 것은 사람과 그 생활을 현실 그대로의
모습대로 그리는 과정, 즉 '형상화' 과정이다. 이는 달리 표현하
면 형상대상, 형상수단, 형상방식의 문제이다.

'형상대상'은 예술작품에 반영되는 생활 내용의 영역과 범위
다. 그 영역은 기본적으로 주체 사상적 내용이며 범위는 예술
작품의 용량(장편, 중편, 단편 등)이다. '형상수단'은 예술작품을 창
작하는 방법과 형식으로 사람과 생활을 있는 그대로 구체적이
고 생동적으로 그리는 수단이다. 그 수단에는 언어, 대사, 화면,
선율, 율동, 재주(사람의 육체적인 기교 동작)가 있다. '형상방식'은
형상수단을 이용하여 예술작품을 창작하는 방법과 형식으로
생활을 형상화하는 것이다. 형상방식에는 사람의 내적 체험과
감정, 정서를 직접 표현하는 '서정적' 묘사방식과 생활 자체의
흐름과 모양대로 사람의 성격과 사건, 대화와 행동, 사상 등을
그려내는 '서사적' 묘사방식, 생활의 극성을 등장인물의 행동과
대화로 일정한 시공간 속에 집중적으로 재현하는 '극적' 묘사
방식, 생활을 영화적인 지문과 대화, 행동으로 표현하는 '영화

적'묘사방식(서사적 방식과 극적 방식이 결합한 형태)이 있다.

이러한 형상대상, 형상수단, 형상방식에서 본다면 북한에서 예술은 ①문학 ②연극 ③영화 ④음악 ⑤미술 ⑥무용 ⑦교예 이렇게 일곱 종류로 나누어진다. 주체 사상적 내용을 형상대상 으로 문학은 언어를, 연극은 대사를, 영화는 화면을, 음악은 선율을, 미술은 색채를, 무용은 율동을, 교예는 재주(사람의 육체적 인 기교 동작)를 표현한다. 형상수단으로는 서정적, 서사적, 극적 방식으로 형상화하고 있다.

북한은 이 일곱 종류는 절대 불변한 것이며 세계문학예술도 여기에서 시작된다고 말한다. 하지만 시대의 변화에 따라 각 장 르들이 서로 혼합될 수 있음을 부정하지는 않는다. 이에 따라 음악과 무용, 서사시 등과 같은 새로운 장르를 만들어내기도 한다.

연극의 종류와 제작, 검열

　　북한의 연극은 양상을 기준으로는 '정극, 비극, 희극'으로, 용량을 기준으로는 '단막극, 중막극, 장막극'으로 나눌 수 있다. '정극'은 일상적인 사회생활을 현실 그대로의 진실성과 구체성을 반영하는 일반적인 연극 작품이다. '비극'은 주인공의 희생을 통해 사회악을 반대하는 투쟁으로 관중을 불러일으키는 극인 반면 '희극'은 갈등이 풍자적인 조소와 비판으로 해결되는 과정을 통해 새것과 긍정적인 것의 정당성을 반증하는 극이다. 북한에서는 이러한 연극의 종류 중 비극과 희극은 성립될 수 없으며 존재할 수도 없다. 연극이 현실을 반영한다는 의미에서 북한 현실에는 비극이 창조될 생활적인 기초가 없을 뿐 아니라 사회 제도의 모순에 의한 비극적 현실이 없다는 정치적 논법이 지배한다. 아울러 연극의 주인공이 주체사상의 주도자 역할을 하고 있다는 점에서 북한 현실은 그 인물들이 풍자적인 조소와 비판의 대상이 아니라 오히려 존경의 대상이 된다. '북한 사회는 사회적 갈등이나 현실모순이 존재하지 않는다'라고 하는 논리는 1958년 3월 3일 제1차 당 대표자회의에서 천리마운동으로 공식화되었다. 이는 북한 사회가 사회주의적 개조의 완결을 통해 사회주의 사회로의 진입 의사를 드러내는 것이다. 이에 북한 사회에는 현실의 적대적 갈등과 모순이 존재하지 않으므로 문학예술에서도 갈등이 존재하지 않고, 연극에도 비극이나 희극이 존재하지 않는다는 것을 의미한다. 따라서 북한에는 정극만이 존재한다.

북한 정극은 1967년 김일성 유일 지배체제가 되면서 낡은 연극에서 혁명연극으로 그 명칭이 바뀐다. 이는 문학예술의 김일성주의화로 주체문학 예술의 출발시기이며 그 이전은 낡은 문학예술의 시기로 분류한다. 이에 북한 문학예술은 카프(KAPF)가 아니라 1930년대 항일 혁명 문학예술에서 비롯된 것으로 역사적 정통성을 확립한다. 김일성 유일 지배체제에 맞추어 정극도 혁명연극과 혁명가극을 중심으로 사회의 정치적 이슈에 따라 항일혁명연극, 수령형상연극, 숨은 영웅형상연극, 민족가극, 경희극 등으로 구체화한다. 이 중 북한 연극의 주류를 이루고 있는 것은 혁명가극 및 혁명연극이며 2000년대 이후 일반화된 것은 민족가극과 경희극이다.

북한의 역사적 시기에 따라 정치적 이념을 연극작품으로 제작하는 것은 당에서는 문화예술부나 선전선동부에서, 정무원에서는 문화성 그리고 연극예술단체에서는 조선연극인동맹, 피바다가극단, 국립연극단, 국립민족가극단, 금강산가극단 등이 관여한다. 이 가운데 노동당이나 내각에서는 작품 제작 지시 및 유통, 관객 관람에 대한 지시와 검열을 담당하고 실제 작품 제작은 조선연극인 동맹을 비롯한 연극단체에서 이루어진다.

'조선연극인동맹'은 현재 조선문학예술총동맹의 산하 단체로 중앙위원회 산하에 연기분과위원회, 연출분과위원회, 평론분과위원회로 구성되어 있다. '피바다가극단'은 1946년 창립된 북조선가극단을 모체로 1971년 7월에 조직되어 「피바다」식 혁명가극을 중심으로 창작 공연을 하는 단체이다. '국립연극단'은 1946년 5월에 창립된 중앙예술공작단을 모태로 조직되어 현재는 장막극 공연을 중심으로 하는 단체이다. '국립민족가극단'은 1972년 4월에 창립된 평양예술극단을 모태로 후에 평양 모란봉예술단으로 개명하여 현재에 이른 단체로 특히 민족가극 공연을 중심으로 하고 있다. '국립예술극장'은 1948년 2월 북조선가극단, 국립교향악단, 국립합창단, 북조선고전악기연구소를 통합하여 조직한 단체로 음악과 무용 사이의 창조적 연계를 강화하여 음악·무용 종합공연과 함께 가극, 창극, 무용극 등 종합예술분야를 보다 본격적으로 발전시킬 수 있게 국가가 관리, 운영하는 체계이다.

이 밖에 '만수대예술단'은 1946년에 조직된 평양가무단을 재편하여 만든 예술단으로 음악과 무용 작품 위주로 공연하면서 국가행사공연을 담당하고 있다. '방송예술단'은 1949년 10월 14일 조선중앙방송 위원회 직속 예술창조집단으로 창립되어 극단, 합창단, 관현악단, 가야금병창단, 민족관현악단, 문예효과편집부, 무대미술부, 연출부, 음악지휘부 등으로 구성되어 다양한 장르 공연을 한다.

북한 연극단체에서 이론가 송석환은 민족가극의 창작 및 이론가로, 연출가 리단은 혁명연극의 연출가로서, 배우 김기원, 고옥성, 곽원구, 백고산 등은 인민 배우로 활동하고 있다.

북한 극단과 연출가, 배우 등은 자유로운 상상력에 의해 연극을 창작하고 공연할 수 없다. 북한에서 문학예술 창작은 국가의 이념 통제를 수락할 때만 허용된다. 이런 의미에서 북한사회 전체가 문학예술에 관한 주체사상이라는 특정 이념으로 에콜(école)화된 집단으로 조선노동당이라는 특정 정치집단의 권위와 강제로 예술의 창작 및 수용이 이루어진다. 덧붙여 북한에는 독립문화, 독립예술, 대안예술 등은 절대 존재하지 않으며 이런 성향의 예술가는 언제나 숙청된다.

예술과 그 창작의 기본 원리는 조선노동당의 정치적 결의에 따르며 이는 '국가 작품심의위원회'에서 예술창작에 관한 판단 원리로 삼는다. '국가 작품심의위원회'는 국가영도자들이 제시한 이론체계에 따라 노동당의 문예정책에 대한 정확한 발현과 구현을 지도하고 통제·방조하는 기관으로 대외적으로는 명판을 공개하지는 않지만 사상·예술적 수준을 구체적·전문적으로 분석하는 국가적인 상설기관이다. 국가 작품심의위원회의 심의채택으로 일체 문화예술작품의 존망 여부가 결정된다. 아울러 각 예술 장르별 노동당의 심의위원회는 김일성과 김정일의 정치적 의도 및 지도방침을 철저히 작품에 관철하도록 감독하는 기능이 있다.

예술작품의 심의절차는 창작 작품을 국가 작품심의위원회와 당의 심의위원회에 신청하면 우선 집단심의를 거쳐 수정방안을 제시한다. 이를 지침으로 하여 고친 작품에 대해서만 승인을 해준다. 여기서 채택된 작품들은 「조선 문학」「조선예술」이라는 매체를 통해 발표되고 공연단체들과 영화사들에 따라 공연·상영된다.

「피바다」식 혁명가극과 5대 혁명가극

「피바다」식 혁명가극

'혁명가극'이란 혁명적 주체사상의 고취 및 김일성과 그 가계의 우상화 작업으로 만들어진 가극이다. 이는 가요의 가극화형식과 혁명적 대작의 내용을 결합한 것이다. '가요의 가극화'란 항일무장투쟁시기에 불린 가요를 가사와 음악적 형상수단을 기본으로 하고 무용과 미술 등 여러 가지 형상수단을 통해 인간의 생활모습을 반영하는 종합적 무대예술의 한 형태이다.

여기서 더 중요한 것은 가요를 가극화하는 내용이다. 이는 혁명적 대작의 내용을 말한다. '혁명적 대작을 더 많이 창작하자(1963.11.5).'에서 말하는 '혁명적 대작'은 역사적 사건을 줄거리로 조선혁명의 발전과 함께 투쟁 속에서 자라나는 주인공들의 전형적인 모습을 그려낸 것이다. 특정한 묘사방식이나 형상 수단에 관계없이 소설, 연극, 영화, 가극 등 모든 형식으로 창작되며 혁명과 투쟁을 위한 전형적인 인간의 성격과 생활을 형상화하여 인민 대중들로 하여금 혁명적 세계관을 세워 혁명 투쟁의 경험과 방법을 체득하게 하는 것을 목적으로 한다.

혁명가극은 혁명연극과 마찬가지로 김일성이 항일 혁명 전적지에서 창작·공연했다는 혁명 전통의 순결성을 인정받을 수 있는 일련의 작품들을 재구성하여 공연하는 것이다. 김정일의 지도로 혁명가극의 출발작품이 된 것이 「피바다」인데 이는 다음과 같은 이론 토대를 가지고 있다.

① 「피바다」식 혁명가극은 혁명적 내용으로 인민 대중의 자주성에 관한 문제를 내세우고 자주적인 인간 전형을 창조하여 그 사상 예술적 해답을 제시한다.

② 「피바다」식 혁명가극은 인민 대중의 감정 정서와 비위에 맞는 것으로 그 형식은 인민적인 절가와 방창, 아름답고 우아한 무용 그리고 입체적이며 생동한 무대미술의 유기적 통일체이다.

③ 「피바다」식 혁명가극에서 노래와 음악은 절가화한 것이다. '절가'란 음악적으로 완결된 하나의 곡조에 여러 절의 가사를 반복·결합해 부르는 가장 작은 노래 형식으로 다양한 특성을 지닌다. 이는 등장인물들의 감정과 정서적 색까지 표

현할 수 있으며, 개별 인물들의 내면세계부터 철학적 사색에 이르기까지 모든 사상 정서 세계를 진실하고 생동적으로 표현할 수 있다.

④ 「피바다」식 혁명가극에서 음악은 절가를 기본으로 방창을 가장 중요한 형상수단으로 받아들여야 한다. '방창'은 혁명가극이 무대 밖의 성악 수단을 받아들이는 것으로 다양한 기능을 한다. 이는 무대 위에서 벌어지는 극적 생활을 남녀의 독창, 중창, 합창 등 다양한 연주 형식으로 자유롭게 표현하여 전달할 수 있고 등장인물의 성격과 생활을 진실하고 생동감 있게 그려낼 수 있다.

⑤ 「피바다」식 혁명가극은 무대미술의 흐름식 입체화가 이루어져야 한다. 입체화된 무대미술은 관객들에게 무대라는 인상보다 현실을 보는 것과 같은 느낌을 주어야 하며, 무대 장치의 조형성과 무대 조명의 회화적 표현성을 결합해 입체적인 생활환경을 조성하고 주인공의 운명 발전에 밀착시켜 극적인 생활 흐름과 정황에 맞게 움직이며 변하도록 창조되어야 한다.

⑥ 「피바다」식 혁명가극에는 무용의 도입이 이루어져야 한다. 무용은 등장인물들의 성격 형상과 극 발전에 유기적으로 이바지하는 것으로 등장인물의 사상과 감정 세계를 조형적으로 부각하기 위한 것이다.

이러한 이론을 토대로 만들어진 5대 혁명가극은 「피바다

(1971)」와 「당의 참된 딸(1971)」「밀림아 이야기 하라(1971)」「꽃 파는 처녀(1972)」「금강산의 노래(1973)」이다.

피바다

『문학예술사전』에 따르면 혁명가극 「피바다」의 각본은 1936년 8월 김일성에 의해 창작되었다고 한다. 김일성이 지난날 '무송현성 전투의 승리'를 회상하면서 중국 동북지역 만강 마을에서 직접 창작한 각본으로 1969년 조선영화촬영소에서 광폭예술영화로 제작되고 1971년 피바다가극단에 의해 혁명가극으로 공연됐다. 장르에 관계없이 모든 작품은 김일성이 항일혁명투쟁시기에 직접 창작하여 보급한 혁명가요 「피바다가」에 바탕을 두고 있는데 전문은 다음과 같다.

설한풍 스산한 원한의 피바다야
참혹한 주검이 묻노니 얼마냐
혁명에 피 흘린 자 그 얼마에 달하였나

죽은 자 가족의 비참한 그 모습과
기막힌 원통에 가슴이 터진다
사무친 이 원한을 천만 추에 못 잊으리

낙심을 말아라 전 세계 무산자야

혁명자 하나의 죽음의 피 값에

십육억 칠천만의 무신정권 수립된다

이 가요는 '일제 침략 때문에 고향을 버리고 죽어간 인민들이 가진 원한의 피바다를 잊지 말고 무신정권을 수립하자.'는 결의로 되어 있다. 이를 바탕으로 가극화한 것이 혁명가극 「피바다」이다. 내용 역시 「피바다가」를 기본적인 사건진행으로 스토리화한 것이다. 이는 독립군 가족의 이야기이다. 독립군으로 떠난 지 오래된 아버지, 순박한 조선의 보통 여성 어머니, 아버지에 이어 독립군으로 떠나는 원남이, 남동생 을남이와 여동생 갑순이가 주인공이다. 그러나 이 작품은 가족 플롯(plot)이 아니라 계급갈등의 플롯으로 되어 있다. 제1막은 일제 순사와 중국인 지주에게 착취와 억압을 받는 가족의 생활상으로, 제2막은 부상당한 항일 유격대원을 숨겨주다가 을남이는 순사에게 총살되고 어머니와 갑순이는 항일 유격대원이 된다는 것으로, 제3막은 재봉대원 어머니와 선전대원 갑순이가 원남이를 비롯한 유격대원들과 함께 고향마을을 해방하는 것으로 구성된다. 이것은 지배 계급과 착취 계급에 대한 인민 대중의 자주성이고

「피바다」

그 자주성으로 항일 유격대원이 되어 고향을 해방하는 자주적인 인간의 전형임을 모델화한 혁명적 내용이라 할 수 있다. 이런 시각에서 이 작품은 '인민 대중의

자주성과 자주적 인간의 전형'이라는 평가를 부여하기 위한 정치적 평설이다.

　작품은 이러한 내용을 방창 형식의 절가를 빌린 평설로 보여주고 있다. 이에 작품 속에서 진행되는 사건들 및 인물들의 행위마다 무대 밖에서 그 정치적·사상적 의미를 평설하는 짧고 반복적인 노래들이 불린다. 대표적인 노래가 「일편단심 붉은 마음 간직합니다」이다.

「피바다」를 제외한 5대 혁명가극 작품들

　「당의 참된 딸」은 1971년 조선인민군협주단에 의해 초연된 민족가극이다. 이는 1950년 8월경 낙동강 전투지구를 무대로 한 북한 간호사의 삶을 그리고 있다. 이는 그 간호사가 전방지역 중환자를 후방 병원으로 이송하는 임무를 수행하는 과정에서 당원이 되어 장렬한 최후를 맞이한다는 내용이다. 그 과정에서 「그 어디에 계십니까 그리운 장군님」「간호사의 생각은 깊어만 가네」「수혈의 노래」「오직 한 길 당을 따라 싸우렵니다」「혁명의 신념은 굽힐 수 없네」 등의 절가들이 방창으로 불리면서 '수령에 대한 충성심과 불요불굴의 혁명' 등을 강조하고 있다. 이런 의미에서 작품은 '근로자들을 당의 유일사상으로 무장시키는 강력한 무기의 혁명적 교과서'

「당의 참된 딸」

로 평가받고 있다.

「밀림아 이야기하라」는 1972년 평양예술극단에 의해 초연된 민족가극이다. 이는 항일 혁명 무장투쟁 시기 김일성의 비밀 지령으로 일제 통치구역에 파견된 한 유격대원의 임무수행 과정을 그리고 있다. 그 유격대원은 겉으로는 일제의 앞잡이 노릇을 하여 모든 사람에게 버림을 받지만 실제로는 자신의 모든 것을 버리고 비밀 지령을 완수한다. 그 과정에서 주제가 「셀레가인 밀림아 이야기하라」가 방창으로 불리면서 김일성 동지의 가르침을 높이 받들고 영웅적으로 싸운 조선인민혁명군 대원의 혁명투쟁을 강조하고 있다. 이런 의미에서 이 작품은 '온 사회의 혁명화, 노동 계급화에 이바지하는 훌륭한 교과서'로 평가받고 있다.

「꽃 파는 처녀」는 1972년 각색되어 예술영화로 상영되다 같은 해 피바다가극단에 의해 초연된 민족가극이다. 1920년대 말에서 1930년대 초 사이를 배경으로 꽃분이 가족의 삶을 그리고 있다. 서장 및 종장을 포함한 일곱 장으로 구성되는데, 내용은 나라 잃은 민족의 설움과 소작인으로 지주에게 당하는 착취와 억압에서 벗어나고자 하는 농민혁명 봉기의 3단계로 구성되어 있다. 여기에서 「꽃 사시오」 「혁명의 꽃 씨앗을 뿌려간다네」 「언니를 기다리며 울고 서 있네」 「무궁화 삼 형제」 등 100여 개 가요가 방창 형식의 절가로 덧붙여져 작품은 '일제로부터는 민족해방, 지주로부터는 계급해방, 농민혁명을 통한 인간해방'으로 평설되고 있다. 이런 의미에서 작품은 '혁명가극 발전의 전성기를 이룬 작품'으로 평가받고 있다.

「금강산의 노래」는 1873년 평양예술단에 의해 초연된 민족가극이다. 일본강점기 때 고향을 버리고 가족과도 헤어진 한 가장이 20년이 지난 뒤 가족들과 재회하여 새로운 생활을 시작하게 된다는 내용이다. 이는 20년 전과 후로 나누어지는데 20년 전에는 일제 지주와 자본가에 의해 억압 받고 착취 당하는 삶의 모습을, 20년 후에는 사회주의 지상낙원의 삶의 모습을 그리고 있다. 삶의 변화는 주제가 「금강산의 노래」에서 평설하고 있는데 김일성의 은덕과 김일성에 대한 충성을 덧붙이고 있다. 이런 의미로 본다면 이 작품은 '사회주의 지상낙원과 그 충성심'으로 평가받고 있다.

5대 혁명가극의 정치·사회적 맥락

지금까지 살펴본 「피바다」식 5대 혁명가극은 1930년대 김일성이 유격대 활동을 하면서 직접 창작한 것으로 알려졌다. 민족가극이 가요의 가극화라는 점에서 작품제목과 동명인 주제가도 김일성이 항일무장투쟁 시기에 직접 창작한 것이고, 민족가극작품도 그 당시 김일성이 직접 창작하고 공연한 작품이라고 한다.

「피바다」식 5대 혁명가극에서 가장 선두에 있는 작품 「피바다」와 관련되었다고 여겨지는 작품에는 「혈해(1936)」와 「혈해지창(1937)」이 있다.

「혈해」는 1936년 만주 무송현의 최남단마을 만강에서 공연했다는 기록만 있을 뿐 그 대본이 전해지지 않는다. 작품의 작자가 밝혀진 것은 김일성의 회고록 「세기와 더불어」가 발간된 1994년이다. 회고록에 따르면 이 작품은 김일성이 대본을 쓰고 이동백이 연출하여 공연한 작품이라고 한다. 회고록을 믿는다 해도 문제는 「피바다」와 「혈해」가 동일 작품인지 아닌지는 전혀 알 수 없다.

「혈해지창」은 1936년 '까마귀'라는 필명으로 창작된 것으로 한지에 연필로 쓴 필사본이 전해진다. 그 필사본은 1960년 연변대학 조선어문학부 조선족 문학 사료 수집조가 목단강지역 밀산에서 1930년대 항일극 「혈해지창」의 대본을 찾아 보관하던 중 『연변 문학(1959년 9월)』에 발표한 것이다. 문제는 '까마귀'가 누구인지 전혀 모른다는 것이며 심지어 그 필명도 작품의 발굴자 겸 보관자가 작가 서명이 없어 그냥 써넣은 것이라는 말도 있다.

「혈해」와 「혈해지창」뿐만 아니라 중국 조선족 연극사학자들은 북한 혁명가극과 혁명연극들 가운데 「경축대회(연도 미상)」와 「성황당(연도 미상)」도 1930년대 항일 무장투쟁시기에 공연되었다고 기록으로만 전해지는 작품이라고 말하고 있다.

이처럼 공연기록만 있을 뿐 작가를 전혀 모르는 상태에서 「피바다」는 김일성이 직접 창작한 혁명가극으로 규정될 뿐이다. 이는 피바다극단이 창립되고 「피바다」가 공연된 1971년의 사회적 문맥으로 밝혀진다. 1971년은 김일성이 유일사상체계 확립을 한 1967년을 거쳐 주체사상을 당의 유일한 지도 이념으로 선언한 1970년 바로 다음 해이다. 즉, 1971년은 북한의 주체시기이며 주체문학 예술시기이다. 주체문학 예술시기에 가장 중요한 문예정책은 항일 혁명문학 예술의 역사적·혁명적 전통을 확립하고 계승하여 수령문학 예술을 형상화하는 것이다.

북한 연극사에 따르면 항일 혁명문학 예술 연극은 '항일혁명투쟁의 첫 시기인 혁명연극(1926~1931)'과 '항일무장투쟁시기의 혁명연극(1931~1945)'으로 나눌 수 있다. 「피바다」는 계급적으로 각성하고 혁명적 세계관을 세워나가는 혁명화 과정을 그리면서 무장 투쟁의 길을 밝히는, 김일성이 창작한 항일무장투쟁시기의 작품이다. 이런 의미에서 작품은 항일 혁명문학 예술의 전통을 계승하고 김일성 자신을 스스로 형상화한 가장 전형적인 주체문학 예술의 모델이 된다. 이 시기에 「피바다」를 포함한 5대 혁명가극 작품들이 창작되어 공연하게 된다. 이런 의미에서 혁명가극은 김일성 유일 체제를 확립하기 위한 선전선동의 도구로 존재하는 것이다.

「성황당」식 혁명연극과 5대 혁명연극

「성황당」식 혁명연극

혁명연극은 1967년 이전의 낡은 연극을 대체하는 용어다. 그 역사적 출발은 1930년대 항일 혁명연극이다. 항일 혁명예술이 연극과 가요를 중심으로 하고 있으므로 낡은 예술에서 혁명예술로 우선 개조·변혁되는 장르는 혁명연극과 혁명가극이다. 여기서 혁명연극은 항일 혁명연극을 기반으로 하여 만들어진 이른바 「성황당」식 연극을 말한다.

「성황당」식 혁명연극은 연극혁명에서 시작된다. '연극혁명'이란 주체시대의 요구에 맞는 새로운 혁명연극을 창작하는 것으로 내용과 형식 및 창조체계와 창조방법의 전환으로 이루어진다. '내용의 혁명적 전환'이란 참다운 주체형의 인간 전형을 새롭게 창조하는 것이고, '형식의 혁명적 전환'이란 혁명적으로 전환된 내용을 더욱 생동적으로 드러내는 새로운 형식으로 창조하는 것이며, '창조체계와 창조방법의 혁명적 전환'이란 연극 창조방법의 근본적인 혁신과 연극예술인들의 주체적 역할을 뜻한다. 이러한 연극혁명을 실천하기 위해 국립연극단은 1930년대 김일성이 항일 혁명 전적지에서 창작 공연을 했다고 알려진, 즉 혁명 전통의 순결성을 인정받을 수 있는 일련의 작품들을 재구성하여 공연하게 된다.

김정일의 지도로 연극혁명의 출발작품으로 만들어진 것이 「성황당」인데 이는 「성황당」식 혁명연극의 시작이 된다. 가장 혁명적이며 인민적인 연극인 「성황당」식 혁명연극은 다음과 같은 토대에 의해 제작해야 한다.

① 「성황당」식 혁명연극은 주체문예이론을 근거로 하여 주체 시대의 자주적인 인간 전형을 창조하고, 생활형식이론을 근거로 하여 생활적인 형식을 기본으로 하는 입체적인 형식을 창조한다.

② 「성황당」식 혁명연극의 대본은 내용면에서는 자주적인 인간이나 인간의 자주성을 위해 투쟁하는 인간 전형을 창조하고, 형식에는 그러한 내용을 현실생활과 성격의 논리에 맞게 자연스럽고 생동감 있게 구성하고 배열해야 한다.

③ 「성황당」식 혁명연극에서 연출가는 무대집단사업의 창조

자다. 그러므로 즉흥주의와 경험주의를 배제하여 집단의 창조정신과 창조능력을 끊임없이 발양시켜야 한다. 창조자로서 연출가는 모방과 도식을 배제하고 발전하는 사회 현실에 맞게 희곡을 끊임없이 새로운 형상으로 창조해야 한다.

④ 「성황당」식 혁명연극에서 배우는 혁명적 세계관을 근거로 등장인물의 성격과 생활을 분석하여 체현해야 하고, 과학적 지식을 근거로 대사를 자연스럽고 진실하게 구사해야 하며 진실성을 근거로 대사에 알맞은 행동으로 연기를 구사해야 한다.

⑤ 「성황당」식 혁명연극에서 무대는 입체화되어야 한다. '입체화'란 무대는 배우가 심리적·육체적 자각상태에서 연기할 수 있도록 실생활과 같이 꾸며져야 하는 것으로, 배우의 연기 공간을 넓힐 수 있는 거대한 배경을 장치해야 한다. 무대 효과를 극대화할 수 있도록 장치, 조명, 미술, 음향 등을 균등하게 배합하여 조화롭게 사용해야 하고 작품의 인식과 교양적 효과를 높이기 위해 흐름식 무대 전환 방법을 사용해야 한다.

⑥ 「성황당」식 혁명연극에서 음악은 방창의 사용을 적절히 해야 한다. '방창'이란 무대 뒤에서 이야기의 줄거리에 얽힌 인물들의 관계, 갈등, 상황, 사건을 제 3자의 입장에서 객관적으로 서술, 대변, 평가하는 능동적인 수단이다. 이러한 방창은 배우의 연기에 어울리게 음악적 형상으로 받쳐줄 수 있어야 하며 막과 막, 장과 장 사이의 연결 수단으로 사용되

어야 한다.

이러한 이론을 토대로 하여 만들어진 5대 혁명연극은 「성황당(1978)」을 비롯하여 「혈분만국회(1984)」 「딸에게서 온 편지(1987)」 「경축대회(1988)」 「3인 1당(1988)」이다. 이러한 작품들을 비롯하여 현재까지 혁명연극은 계속 생산된다.

성황당(城隍堂)

혁명연극 「성황당」은 항일혁명연극 「성황당(1928)」이 원작이다. 연극 「성황당(1928)」은 김정일이 말한 바로는 수령님께서 항일혁명투쟁시기에 친히 창작하신 불후의 고전 명작이다. 1968년 조선예술영화촬영소에서 각색하여 예술영화 「성황당」을 제작했고 1978년 희곡 「성황당」으로 재창작되었다. 이어 희곡 「성황당」은 1978년 8월 국립연극단에 의해 연극 「성황당」으로 무대공연이 이루어졌다.

성황당(城隍堂)은 원래 마을의 수호신인 서낭을 모신 신당으로 서낭당을 한자로 표기한 것이다. 연극 「성황당」도 제목처럼 민간신앙이 의미하는 미신 타파를 극의 모티브로 삼고 있다. 그 모티브는 성황당이라는 공간에서 출발한다. 내용은 다음과 같다.

성황당 신에게 믿음으로 딸 복순의 혼사비용을 해결하려는 박씨와 그 신을 부정하는 머슴 돌쇠 간의 갈등이 시작된다. 갈등은 다시 견원지간인 백 구장과 황 지주가 서로 복순을 탁 군수의 세 번째 첩으로 보내려는 것으로 확산된다. 백 구장은 박씨에게 자신이 딸의 혼사비용을 마련해 줄 때까지 복순이 탁 군수 집의 유모로 가 있기를 요구하고, 황 지주는 빚을 독촉하면서 결혼을 늦추기를 요구한다. 이 와중에 백 구장과 황 지주가 동시에 불러들인 무당과 전도부인, 중들이 서로 이기적이고 저질스러운 싸움을 한다. 마침내 무당과 황 지주의 농간으로 박씨가 복순을 탁 군수의 첩으로 보내려고 하자 돌쇠는 마을청년들과 규합하여 성황신 흉내를 내어 그들을 꾸짖는다. 이에 박씨는 백 구장과 황 지주, 무당들의 본심을 알아차리고 성황신이 미신임을 깨닫는다. 그는 스스로 성황당을 부수고 마을 사람들과 함께 춤을 추는 것으로 연극은 끝맺는다.

작품에서 미신 타파의 사건진행은 돌쇠 및 마을청년들과 백 구장, 황 지주, 탁 군수, 전도부인, 중, 무당들과의 대립으로 이루어진다. 그 대립에서 주인공은 머슴 돌쇠이다. 마을청년들도 주인공 돌쇠와 마찬가지로 1920년대 말 북부조선 어느 산골 마을의 빈농들이다. 반면 반동인물들 가운데 백 구장, 황 지주, 탁 군수 등은 지배 집단이며 전도부인, 중, 무당들은 미신 집단이다. 이 작품은 주동세력인 빈농 집단과 반동세력인 지배 집단 및 미신 집단 간의 싸움은 미신 타파의 사건진행 이면에 계급 간의 투쟁이 내재하고 있음을 보여준다.

이 작품에서 겉으로 드러난 사건진행은 미신 타파지만 그 이면의 근원적 사건진행은 계급갈등이다. 그 갈등에서 천대받는 머슴살이 총각이던 돌쇠가 야학을 배워 지식에 눈을 뜬 후 인민을 속여먹는 원수이자 지배 계층을 대변하는 박씨를 웃음과 지혜로 족친다. 이 때문에 박씨를 미신 타파로부터 자각하게끔 하고, 지배 계급의 허위를 통해 빈농계급임을 깨닫게 한다. 이런 시각에서 작품은 '근로자들을 무지와 몽매에서 벗어나게 하기 위한 계몽적인 문제에만 그치지 않고 인민 대중이 자기 운명을 자주적·창조적으로 개척해 나가는 주체적인 혁명연극'이라는 평가를 받는다.

5대 혁명연극의 정치사회적 맥락

「혈분만국회」는 1980년 김정일이 원작 「고증조」를 직접 조직하여 고증작업을 지시하여 1984년 국립연극단에 의해 「성황당」식 혁명연극으로 공연되었다. 이 작품은 1906년 가을부터 1907년 여름까지 서울과 북간도, 헤이그를 무대로 실존인물인 이준, 이상설, 이위종의 '헤이그 밀사사건'을 다루고 있다. 헤이그 밀사사건은 1907년 고종이 네덜란드 헤이그에서 열린 만국평화회의에 밀사를 파견하여 을사조약과 일제 침략의 부당성을 폭로하고 한국의 국권 회복을 호소하여 독립을 이루고자 한 역사적 사건이다. 작품은 이러한 역사적 사건을 사건진행의 선으로 하면서도 이준의 자결을 인민들의 자주적인 힘을 믿지 못하고 외세에 의존함으로써 비극적 운명을 맞게 된 것으로 평설하고 있다.

「딸에게서 온 편지」도 1930년대 만주의 여러 곳에서 공연되었던 것을 1987년 국립연극단에 의해 「성황당」식 혁명연극으로 공연된 것이다. 이 작품은 1920년대 말 북부 어느 한 산간 마을을 배경으로 농민들이 빈궁하고 억압적인 생활 속에서도 의식화 과정을 이루는 모습을 그린 것이다. 그 과정이란 문맹인 노예 생활에서 글을 깨치고 지식을 배움으로써 광명을 얻는다는 것이다. 작품은 '산천에 울려가는 야학의 종소리 새날의 언덕으로 모두 부르네 겨레여 눈을 뜨자 지식은 광명 배우며 뜻을 합쳐 나라를 찾자'는 방창으로 결말을 맺는다. 이는 무지와 지식을 노예와 독립, 착취와 해방이라는 것과 등식하고 있다.

「3인 1당」은 옛 송도국의 세 정승(박 정승, 최 정승, 문 정승)간의 권력다툼 탓에 국가가 멸망한 것을 다룬 것으로 1988년 국립연극단에 의해 「성황당」식 혁명연극으로 공연된다. 작품의 서장에서 설화자가 3부 통합을 운운하면서도 파쟁에만 열을 올리던 완고한 민족주의자들에게 환상적인 옛 송도국의 이야기를 통해 단결의 진리를 깨우쳐 준 1929년 역사의 그날을 감회 깊이 생각하기 위해 '옛 송도국'을 다룬다고 말함으로써 막이 시작된다. 이 작품은 옛 송도국의 파쟁을 당시 민족주의운동단체 내 '정의부, 참의부, 신민부' 간의 행태를 파벌싸움으로 풍자하여 비판하고자 한 의도를 직접 표명한 것이다. 아울러 작품 결말에서 '불구름 몰아와 나라를 망친 파쟁의 죄악을 어이 잊으랴 천년만년 세월이 가도 역사의 이 교훈 잊지 않으리.'라고 끝맺고 있는 것에서도 이 의도는 확인된다.

「경축대회」는 1930년대 항일무장투쟁지에서 공연되었던 것을 1988년 국립연극단이 「성황당」식 혁명연극으로 공연한 것이다. 이 작품은 1930년대 중엽 중국 동북 어느 한 성시를 배경으로 항일유격대의 경축대회를 다루고 있다. 그 경축대회는 일본군이 벌리고자 했으나 이를 물리친 항일유격대의 경축대회로 바뀐다. 그 바뀜의 계기는 일본국의 허장성세와 항일 빨치산의 민족자주정신이다. 작품은 서장과 종장에서 '항일유격대의 영활한 전법'을 찬양하는 것으로 막이 오르고 내린다. 이런 의미에서 작품은 항일유격대를 조선인민혁명군으로 지칭하여 김일성의 항일유격대 활동을 사실화하고자 한 것을 알 수 있다.

지금까지 살펴본 「성황당」식 5대 혁명연극 역시 1930년대 김일성이 유격대 활동을 하면서 직접 창작한 것으로 제시되고 있다. 연극의 서장에서 막이 오르면 설화자 혹은 소개자가 나와 "수령님께서 항일혁명투쟁 시기에 창작, 공연하신 작품"이라고 말함으로써 공연이 시작된다. 이러한 작품들의 작가 문제는 중국 연변 조선족 학계의 실증으로 혁명연극이 김일성 창작이라는 주장은 허구라고 밝혀진 적이 있다. 1930년대 현실을 고려한다면 혁명연극은 김일성 개인의 창작이 아니라 당시 지역민들의 공동창작일 가능성이 훨씬 더 높다는 것이다. 이때 '공동창작'이란 먼저 특정 집단에 의해 연극공연이 이루어져 그것이 전승되다가 채록되었다는 의미이다.

문제는 북한에서 「성황당」식 5대 혁명연극이 김일성 창작

임에 이의를 제기하지 못하도록 통제하고 있다는 것이다. 이 것은 「성황당」이 1978년, 나머지 네 작품의 창작과 공연 시기가 1984년에서 1988년까지라는 것과 밀접한 연관이 있다. 「성황당」이 창작되고 공연된 1978년은 1970년 11월 제5차 당 대회에서 주체사상을 당의 유일한 지도 이념으로 선언한 시기와 1980년 제6차 당 대회에서 김정일 후계체제의 확립을 공식화하기 직전 사이이다. 이 시기에 가장 중요한 문예정책은 항일 혁명문학 예술의 역사적·혁명적 전통을 확립하고 이를 계승하는 주체문학 예술의 창작이며 수령 형상 문학예술이다. 이는 북한 문학예술의 역사적 정통성이 카프가 아니라 항일 혁명문학 예술에 두고 있으며, 이를 바탕으로 수령 형상 문학예술의 창작을 최우선으로 하고 있다는 점에서 주도자가 김일성임을 더욱 분명히 할 정치적 필요가 있었기 때문이다.

1980년 김정일 후계체제 확립이 공식화되자 문학예술은 수령 형상 문학예술을 계승하여 발전시키는 과제를 안게 된다. 그 과제 중 연극은 앞 시기의 혁명가극과 혁명연극을 계승하고 발전시켜 5대 혁명연극과 5대 혁명가극을 확립하게 되는 것이었다.

민족가극의 재발견

민족가극의 등장과 재등장

『문학예술사전』에 따르면 '민족가극'은 민족에게 고유한 가극 형식으로, 넓은 의미에서 모든 민족 국가단위로 창작하여 보급되는 것들은 예외 없이 민족가극이라고 말할 수 있다. 더 좁은 의미로는 흔히 판소리 음조로 된 창극 또는 레시타티브(Recitative)라는 음악적 요소를 음악형상수단의 하나로 이용하던 종래의 가극과 구별되는 서도 민요적 바탕의 가극이다. 내용 및 주제는 '혁명전통, 사회주의 현실, 항일 혁명전통, 천리마 시대의 약동한 현실' 등이다.

민족가극에서 가극은 오페라의 현대적 이름이다. 북한 사회주의 관점에서는 반동적인 가극, 진보적인 가극 그리고 혁명가극으로 설명하고 있다. '반동적인 가극'은 16세기 이탈리아에서 발생한 오페라이다. '진보적인 가극'은 18세기 후반 영국에서 새로운 형식으로 만들어진 발라드 오페라(ballad opera)와 프랑스에서 만들어진 희가극(comic opera)으로 동시대 정치와 사회 현실에 대한 풍자를 담고 있다. 이러한 반동적인 가극과 진보적인 가극의 대립 및 투쟁 속에서 발전한 형식을 혁명가극이라고 한다. '혁명가극'은 혁명적 주체사상 고취와 김일성 및 그 가계의 우상화를 위해 가요의 가극화형식으로 만들어졌다.

'북조선가극단'은 1946년 서양식 가극 공연을 전문으로 설립된 단체로 1971년 피바다가극단의 모체가 된다. '조선고전악연구소'는 1947년 판소리 공연 전문 단체로 설립되었다가 1948년 국립예술극장 산하 협률단으로 바뀌고, 1951년 판소리 및 창극을 전문으로 공연하는 국립예술극장 고전악단으로 거듭난 후 1952년에 국립고전예술극장으로 독립한다. '국립예술극장'은 1978년 서양식 가극을 전문으로 하는 최초의 국립극장으로 북조선가극단, 북조선교향악단, 국립합창단을 편입하여 설립되었다가 1956년 서양식 가극 공연을 전문으로 하는 국립예술극장과, 교향악 및 합창을 전문으로 하는 국립교향악단으로 분화된다. 이어 국립예술극장은 1965년 서양식 가극을 전문으로 하는 국립가극극장으로 바뀐다. '국립민족예술극장'은 1948년 창극을 전문으로 하는 최초의 국립극장으로 설립되었다가 1956년 창극단을 산하 단체로 둔다. 이어 1965년 민족가극을 전문으로 하는 국립민족가극극장으로 바뀐다. 다시 국립민족가극극장은 1969년 국립가극극장과 통합되어 민족가극을 전문적으로 공연하는 극장으로 재설립된다.

이러한 전문 가극단의 변천사에서 본다면 판소리 공연은 1952년 국립고전예술극장이 1956년 국립민족예술극장에 이르는 과정에서, 창극 공연은 1956년 국립민족예술극장이 1965년 국립민족가극극장에 이르는 과정에서 사라진다. 서양식 가극 공연은 1948년 국립예술극장에서 시작되었다가 1965년 국립민족가극극장의 설립으로 사라진다. 민족가극 공연은 1965년 국립민족가극극장의 설립으로 시작되어 국립가극극장과 함께 1969년 국립민족가극극장으로 통합되면서 현재까지 지속된다. 민족가극은 1990년대 혁명가극과 혁명연극의 완성이 이루어졌다고 스스로 선언하면서도 새로운 작품을 창작하지도 공연하지도 못하자 다시 등장한 것이다.

민족가극 「춘향전」

민족가극의 첫 대본 「춘향전」은 성춘향과 이몽룡 두 남녀의 사랑을 피지배 계급과 지배 계급 간의 이데올로기적 대립으로 파노라마(Panorama)한 작품이다. 작품의 기본 줄거리는 이미 널리 알려진 이야기와 크게 다르지 않다. 몽룡과 춘향의 만남 → 사랑 → 이별 → 재회의 구조로 전형적인 애정 플롯이다. 이 가운데 몽룡과 춘향의 재회는 변 사또의 탐욕(탐욕에 의한 자극) →

춘향의 시련(선한 인물의 고통) → 몽룡의 출세 → 몽룡의 변 사또 징벌(악한 인물의 형벌) → 춘향과 몽룡의 재회로 멜로드라마적 구조로 구체화된다.

이 작품은 '사랑가의 선율'로 시작되고 끝맺는다. 시작 장면에서 「사랑가」는 '사랑 사랑 내 사랑이야 꽃과 같은 내 사랑이야 그 어디에 피었느냐 가슴 속에 피었네 눈서리에 상할세라 찬바람에 질세라 옥과 같이 소중히 고이 지킨 내 사랑아'를 무대 밖에서 여성 방창으로 들려준다. 끝 장면에는 '사랑 사랑 내 사랑이야 꽃과 같은 내 사랑이야 내 가슴에 피어도 네 가슴에 피어도 우리 사랑 하나일세'를 춘향과 몽룡 간의 교환창으로, '절개 없는 사랑을 사랑이라 말하랴 백 년 가도 한마음 천 년 가도 한마음 변치 않을 우리 사랑'을 여인들의 합창으로, '솔잎처럼 푸른 절개 참대처럼 곧은 절개'를 대중창으로, '고생 끝에 님 만나 오늘 기쁨 안았네 변치 않을 우리 사랑'을 춘향과 몽룡 간의 교환창으로, '세월아 전하라 춘향의 이야기'를 대중창으로 들려준다. 사랑가로 시작하고 끝맺는다는 의미에서 이 작품은 사랑의 환희이며 굳은 절개를 통해 변치 않을 사랑에 이를 수 있다는 비전을 제시하고 있다.

이러한 이야기 구조를 전개해 나가는 주요 인물들은 월매와 딸 춘향, 전임 남원 부사의 아들 몽룡과 신임 남원 부사 변 사또, 춘향의 시중 향단과 몽룡의 하인 방자, 남원 관가와 남원 농민들이다.

월매는 혼자서 딸을 키우는 천민계급에 속하는 퇴기로, 딸

「춘향전」 - 춘향의 재회장면

에게 여자의 행실을 가르치는 모성애가 넘치는 어머니로 형상화되고 있다. 그 모성애는 사랑에도 빈부귀천의 차이가 있음을 알고도 몽룡과 춘향의 사랑을 연분으로 받아들이게 한다. 이런 의미에서 월매는 신분계급의 현실을 인식하면서도 모성애로 딸의 사랑을 수락하고 완성하게 하는 선한 인물이다.

춘향은 미혼 여성으로 활짝 핀 예쁜 얼굴과 도도한 마음, 아름다운 행실을 가진 선한 인물이다. 춘향의 이러한 사람됨을 둘러싸고 몽룡과 변 사또가 대립한다. 공통으로 양반계급에 속하지만 몽룡은 담장 높은 책방에서 글만 읽어 현실을 파악하지 못하는 도련님으로, 변 사또는 탐욕스럽고 악착한 정치로 현실을 부패시키는 사람으로 표현된다.

춘향의 시중 향단과 몽룡의 하인 방자는 신분 차이라는 방해물이 없는 상놈끼리 사랑을 맺는다. 이 사랑의 의미는 신분계급의 차이가 사랑의 적대적 방해물이며 춘향과 몽룡 간의 사랑도 신분 차이로 방해받을 수 있고, 악의 인물 변학도가 둘의 사랑을 방해할 수 있다는 것을 나타낸다.

남원 관가와 남원 농민들의 관계는 다른 「춘향전」과는 달리 이 작품에서 매우 중요하게 다루어진다. 농민들은 개인이 아닌 집단으로서 행동한다. 이 행동은 농민계급의 '죽을 판'과 남원 관가의 '악랄한 정치판'을 극단적으로 대립시키면서 지배 계급의 도덕적 타락을 악으로 내세우고 있다.

이러한 인물들에서 본다면 이 작품은 춘향을 중심으로 한 평민계급을 선한 인물로, 변 사또를 중심으로 한 양반계급을 악한 인물로 묘사하면서 피지배 계급과 지배 계급 간의 관계도 선과 악의 극단적 대립으로 묘사하고 있다. 따라서 민족가극 「춘향전」은 피지배 계급과 지배 계급을 선과 악의 개인적 사람 됨 및 계급대립으로 극단화시켜 계급을 초월한 사랑과 지배 계급의 탐욕 및 악랄한 정치를 메시지로 나타내고 있다.

민족가극의 정치사회적 맥락

판소리 및 창극을 대체한 민족가극의 등장은 천리마 문학예술의 확립과 관련된다. 이 시기는 북한에서 사회주의의 전면적 건설과 완전한 승리를 앞당기기 위한 투쟁의 시기로 여기서 가장 중요한 문학예술 강령은 천리마 문학예술 창조이다. 이 시기 문학예술은 공산주의 교양사업의 강화와 항일 혁명 무장투쟁 전통 확립의 형상화에 있다. 즉 공산주의의 교양사업 강화로 낡고 반동적인 것을 제거하고, 진보적이고 인민적인 것을 계승하는 것이다. 가극에서 낡고 반동적인 것은 판소리와 창극인데, 그 속에 있는 진보적이고 인민적인 것을 계승하면서 등장한 것이 민족가극이다.

민족가극은 판소리에서는 탁성을 제거하고 남녀 성부를 분리한다. 또한 창극에서는 비속성과 한문어투, 남도 판소리를 제거하고 사회주의적 현실과 우리말 어법, 민요 및 절가와 민족관현악, 방창과 흐름식 입체무대 도입 등으로 그 형식을 구체화한다. 그 성과로 「황해의 노래」「강 건너 마을에서 새 노래 들려온다」「무궁화 꽃 수건」「여성혁명가」「붉게 피는 꽃」이 창작되었다. 이 작품들은 창극에서 처음으로 서도 민요에 기초하여 사회주의 현실인 혁명적 주제 및 현실적 주제를 다루고 반영한 성과로 평가받는다.

민족가극의 재등장은 1994년 7월 김일성 사망을 계기로 5년간 진행되었던 유훈 통치기, 즉 '고난의 행군' 기간 속에서 혁명문학 예술작품 창작의 양이 많이 감소한 것에 근원을 두고 있다. 그뿐만 아니라 1990년 소련을 비롯한 동구 사회주의의 몰락을 뜻하는 '사회주의 위기'가 대두한다. 이에 문화·예술적으로는 주체사실주의의 완성 탓에 오히려 소멸되어 가는 혁명문학 예술의 새로운 창작과 통제의 이데올로기로서, 정치·사회적으로는 국제 사회주의의 해체에 대한 북한사회의 통제이데올로기로서 조선민족제일주의가 대두한다. 이러한 조선민족제일주의를 토대로 혁명적 문학예술의 창작을 가속하자는 제안은 혁명가극에서 민족가극의 재등장으로 나타난다. 이는 천리마

시기의 민족가극과 주체시기의 「피바다」식 혁명가극의 전통 및 양식을 그대로 계승한 것인데 그 실천적인 첫 작품이 1988년 「춘향전」이며 「박씨부인전(1993)」 「심청전(1994)」 등이 뒤를 이어 창작되었다.

경희극과 극 작품들

경희극의 등장과 재등장

북한연극에서 경희극은 희극의 하위 갈래이다. 북한 희극은 작품에 반영되는 생활 내용의 특성에 따라 '풍자극'과 '경희극'으로 나누어진다. 풍자극의 주인공은 역사의 무대에서 물러나지 않고 자기 존재의 정당성을 내세우다 결국 멸망하는 모순된 성격을 가진 반동세력이다. 그 내용은 희극적으로 생활의 적대적인 모순을 체현하고 있다. 반면 경희극의 주인공은 낡은 사상 잔재와 생활습성을 가지고 있지만, 시대적 요구와 혁명의 전진을 같이 하려는 새로운 사람으로 재생되는 인물로 생활에서 상용적 모순을 체현하고 있는 희극적인 내용이다. 이런 경희극을『문학예술사전』에는 다음과 같이 정의하고 있다.

> 희극의 한 형태. 시대에 뒤떨어진 낡고 부정적인 형상들을
> 가벼운 웃음을 통해 비판, 고치는 것이 특징이다. 풍자희곡
> 과 달리 희극적 주인공들을 전면적으로 부정하는 것이 아니
> 라 그 인물에게 있는 낡고 부정적인 측면을 명랑하고 가벼
> 운 웃음으로 비판한다.

동지적 협조와 단결이 사회관계의 기본인 사회주의사회의
현실을 반영한 경희극은 공동의 이상을 실현하기 위한 투쟁과
정에서 근로자들 속에 나타나는 낡고 부정적인 현상을 비판한
다. 경희극에서 희극적 주인공이 웃음을 자아내는 이유는 자기
의 사고와 행동이 시대에 뒤떨어짐에도 그것이 정당하고 진보
적이라고 믿기 때문이다. 경희극 작품들에서 희극적 주인공은
풍자극의 희극적 주인공과는 달리 자체 내에 긍정적인 면도 가
지고 있는 인물이다. 그의 주관적 의도와는 달리 사고와 행동
에서 이러저러한 부족한 점이 나타나면서도 결국은 자기의 결
함을 인정하고 가벼운 웃음으로 비판을 접수한다. 일반적으로
경희극에는 희극적 주인공과 함께 긍정적 인물도 등장한다. 이
러한 인물은 희극적 주인공의 부정적인 면을 폭로하고 비판함
으로써 그에게 긍정적인 영향을 주어 그의 결함을 바로잡도록
적극적인 작용을 한다. 또한 경희극에는 흔히 해학과 과장의
수법이 널리 쓰이고 있다. 사실주의 경희극에서 해학과 과장은

작품의 교양적 목적에 맞게 생활의 진실로부터 출발한 것이다. 착취사회에서 북한 희극이 풍자희극이 주가 되었다면, 착취가 없어진 긍정적 사회주의 사회에서는 경희극이 주가 되어 교양 있고 힘 있는 수단으로 사용된다.

북한에서 경희극의 첫 창작과 공연이 이루어진 것은 1960년 대 초기이다. 1961년 리동춘의 「산울림」과 1962년 「소문 없이 큰일 했네」가 발표되었다. 리동춘의 「산울림」은 희극 장르 발전 의 커다란 성과로 지지를 받았지만 「소문 없이 큰일 했네」는 수 정주의로 비판을 받았다. 그 결과인지 알 수는 없지만, 동시대 경희극은 1963년 지재룡의 「청춘의 활무대」, 1968년 리동춘의 「자랑 끝에 있는 일」만 창작·발표된다.

이어 1971년 「피바다」식 혁명가극으로 혁명적 비극이 확 립되자 경희극은 1972년 김용완의 「군민은 한마음(『조선예술』, 1972.2)」을 끝으로 다시 발표되지 않는다. 그러다 1978년 「성황 당」식 혁명연극으로 북한연극에서 희극적 성격이 강화되자 경 희극은 1979년부터 다시 창작되기 시작한다. 이러한 경희극의 새로운 등장은 1980년대에서 1990년대를 거치면서 현재 북한 에서 가장 주도적인 연극의 종류로 자리 잡았다.

「산울림」

「산울림」은 리동춘의 창작 희곡으로 1962년 김순익 연출 로 원산연극단에서 처음 공연된다. 이 작품은 어느 한 산간마을 협동농장에서 알곡 100만을 증산하라는 당의 정책을 관철하기 위해 새 땅을 개간하는 문제를 둘러싸고 벌어지는 사건을 다루고 있다. 그 사건은 관리위원장 리송재와 젊은 제대 군인 황석철의 의견 차이로 일어난다. 리송재는 경작지를 확장하는 것으로, 황석철은 산을 개간하는 것으로 서로 방법론적 차이를 보인다. 황석철은 새로 온 리당 위원장의 지도로 농장원들의 지지를 받으며 리송재를 설득하여 결국 산의 개간에 성공한다. 리송재는 소극적이고 보수적이지만 황석철은 적극적이고 진보적이다. 리송재는 황석철과 함께 시대적 요구와 혁명의 전진을 같이 하려는 새 인간으로 재생되고, 황석철의 적극성과 진취성은 과장되게 표현되어 웃음을 자아낸다.

「산울림」은 1961년 「문학신문(10.13~10.24)」에 처음 발표되어 원산연극단에 의해 북한 지역에 순회공연되면서 그 성과에 관한 논의가 이루어진다. 그 결과 2000년대에 이르러 「산울림」이 경희극의 최초 작품이며 공연작으로 인정받게 된다.

창작자 리동춘(1925~1988)은 북한의 대표적인 극작가다. 해방 직후 사리원의 효종극단에서 배우 생활을 시작으로 황해북도 도립극장 과장을 거치면서 1955년 극작가의 길로 나선다. 「산울림」은 그의 대표 작품이며 현재까지도 북한에서 가장 인기 있는 공연작품이다. 'Daily NK(http://www.dailynk.com)'의 보도에 따르면 2011년 3월 27일 김정일과 김정은이 장성택, 김경희, 리영호, 김기남 등 수뇌부를 동행하여 「산울림」 공연 관람 후 김정일이 "대중의 정신력을 총발동하는 데 적극 이바지하는 경희극 「산울림」과 같은 명작들을 더 많이 창조하고 공연활동을 과감히 벌여나가야 한다."라고 말했다고 한다.

경제선동에서 자력갱생으로

1980년대에 다시 등장한 경희극의 대표적 작품으로는 한태갑의 「연구해보겠습니다(1984.11)」와 전평창의 「뻐꾹새 운다(1986.1)」, 김준영의 「지향(1988.5)」 등을 들 수 있다.

「연구해보겠습니다」는 신발공장 노동자 옥화가 개발한 신발문양기를 생산설비로 도입하여 공장의 기계화를 이룬다는 내용이다. 「뻐꾹새 운다」는 협동농장 젊은이들이 김매기기계의 개발과 제작에 성공하여 고장을 문화농촌도시로 만들기 위해 노력한다는 내용이다. 「지향」은 한 노동자가 벽돌생산로를 개선하여 벽돌생산 기술혁신을 이룬다는 내용이다.

「연구해보겠습니다」와 「지향」이 공장에서 일어난 일이라면 「뻐꾹새 운다」는 농촌의 협동농장에서 일어난 일로 장소만 바뀌었을 뿐 자력갱생, 주체화, 기계화, 현대화, 과학화 등의 경제선동을 주제로 한다는 점에서 같은 유형의 작품이다. 이 작품들의 젊은이들은 새로운 기계를 개발하거나 기술 혁신을 위해 스스로 앞장선다. 반면 구세대들은 무사안일주의와 무지, 고집, 오해, 간계 등으로 젊은이들을 방해한다. 결국 그 결말로 구세대는 웃음거리가 되어 자신들의 어리석음을 깨닫고 젊은이들과 화해한다. 이처럼 이 작품들은 구세대와 신세대 간의 갈등과 극적 구조의 동일성을 함께 가지고 있다.

또한 경희극 작품들을 통해 북한사회가 처한 현실적인 문제, 즉 도농 간의 격차와 도시바람으로 표현되는 젊은이들의 이농현상, 젊은 남녀 간의 자유연애 현상, 구세대의 가부장적 질서현상 등을 확인할 수 있다. 나아가 1970년대 북한사회를 지배했던 주도적인 사회운동 '속도전'이 1980년대도 여전히 유효하다는 것을 보여준다. 속도전은 3대 혁명소조운동과 함께 김정일 후계체제의 구축과정에서 만들어진 사회문화운동이다. 최단 시일 내에 양적·질적으로 최상의 성과를 이룩하는 것을 목적으로 하는 속도전은 3대 혁명과 함께 1970년대 북한사회를 지배하는 주도적인 사회운동이다. '3대 혁명'은 사상·기술·문화 혁명을 뜻하는데, 공산주의의 낮은 단계로 진입하려면 낡은 사회의 유물을 청산하고 새로운 공산주의의 사상, 기술, 문화를 창조해야 사회주의 완전 건설에 이바지할 수 있다는 것을 말한다. 그 가운데 사회주의 건설의 물질적 토대는 기술혁명으로 가능하며 그 혁명은 산업의 근대화, 기계화, 자동화에 의해 이루어진다. 이에 북한사회는 제1차 6개년 계획(1971~1976)을 통해 기술혁명을, 제2차 7개년 계획(1978~1984)을 통해 그 기술을 현대화·과학화했다. 1980년대 현대화, 과학화는 주민생활을 향상하고 생산량을 배가하는 데 목표를 두고 있다. 이는 사회경제적 조건들(낮은 기술 수준, 외화부족, 군사비 부담, 경직된 계획경제, 투자배분의 잘못 등)로 인해 달성하기 어려운 문제점들을 노출하는데, 이러한 1980년대 속도전이 텍스트 환경으로 놓여 있다. 1980년대 속도전이라는 환경에서 본다면 텍스트는 기계화, 현대화, 과학화로 매진하는 동시대 현실을 형상화하고 있으며 그러한 현실목표가 노동자의 자력갱생으로 이루어져야 한다고 선전한다.

1980년대 경제선동을 현실 주제로 선택한 경희극은 1990년대로 이어지는데, 대표적인 작품에는 리영대의 「외아들(1991.5)」과 박정남의 「없어도 될 사람(1996.9)」, 백상균의 「발동소리 울린다(1997.3)」 등이 있다. 1980년대와는 달리 이 작품들에서 강조되고 있는 것은 '자력갱생'이다.

군민일치사상에서 선군사상으로

1990년대 경희극의 지배적인 흐름은 군민 일치사상이다. 대표적인 작품으로 김국성, 리성일의 「하나로 잇닿은 마음(1988.6)」에서 시작된 선군 사상은 박호일의 작품들 「한마음 한모습으로(1993.7.8)」와 「편지(1999.9)」 「동지(1999.10)」 등으로 이어지고 있다.

「하나로 잇닿은 마음」은 관민일치사상을 주제로 한 첫 번째 작품이다. 텍스트는 광복거리 건설장을 배경으로 건설자들에게 60톤이나 되는 대형 트라스를 시급히 조립해야 하는 과업을 극적 상황으로, 홍선희 부부가 밤에 아무도 모르게 그 트라스를 들어 올린다는 것을 극적 해결로 제시하고 있다. 여기에 극적 상황과 해결 과정에서 미담의 주인공을 찾으려는 황재식

과 그 사실을 숨기려는 홍선희 부부간에 '찾음과 숨김'의 태도
적 차이가 있다. 이는 광복거리 건설에 이바지한 숨은 영웅을
찾으려는 태도와 그것을 스스로 숨기려는 시각의 차이일 뿐 서
로 간에 공격적·적대적 행위로 말미암은 갈등은 전혀 없다. 이
런 의미에서 텍스트는 숨은 영웅 찾기에 관련된 이야기이고 숨
은 영웅을 형상화한 작품이다. 이 작품에서 숨은 영웅 홍선희
는 처녀돌격대장으로 인민군 소대장의 아내이며 영화예술인 경
제선동대원의 친구이기도 하다. 홍선희의 숨은 영웅 행위는 모
두에게 '광복거리의 건설을 위한 200일 전투'로 매진하게 하는
행위이다. 이런 의미에서 주인공인 숨은 영웅과 군, 주민은 상
호작용을 일으켜 극적 결말을 맺게 된다. 즉, 이 작품은 '친애
하는 지도자 동지 높은 뜻 받들고 위대한 주체사상 빛내가리
라'라는 군민 일치사상을 형상화하고 있다.

「한마음 한 모습으로」는 「하나로 잇닿은 마음」을 그대로 재
현한 것 같다. 텍스트는 현대 조국해방전쟁승리기념탑 건설장
에 남아 일하기 위해 부부행세를 하는 전쟁참가자 박두칠과 김
보미의 이야기이다. 청년돌격대장, 인민군 대장과 병사, 그리고
일반 주민(박두칠의 처, 김보미의 영감) 등으로 구성된 등장인물들
은 박두칠과 김보미의 부부행세를 차례로 눈치채지만 모른 체
한다. 그 비밀을 캐내지 않으면 직위를 잃게 되는 청년돌격대비
편제 영접지도원 영달이 직위에서 물러나게 될 상황이 되어 의
식을 잃고 쓰러지자, 두 사람은 비로소 사실을 말한다. 이에 조
국해방전쟁승리기념탑 건설장에서 일하는 모든 사람이 「당신

이 없으면 조국도 없다」를 합창하고 「경애하는 최고사령관 김 정일 장군님 만세」의 환호로 끝을 맺는다. 「하나로 잇닿은 마음」과 마찬가지로 텍스트는 어버이 김정일 장군님을 높이 모시고 사회주의를 끝까지 지키겠다는 군민 일치사상을 형상화하고 있다.

1990년대 이러한 군민 일치사상을 주제로 한 경희극의 공통적인 특징은 김정일에 대한 찬양과 김정일을 중심으로 사회주의를 지키자는 것이다. 이것도 역시 경희극이 선전극임을 강조한 것이다. 이러한 경희극작품들은 10명을 넘지 않는 인물이 등장하는 1980년대와는 달리 조선예술촬영소와 조선 2·8예술영화촬영소에서 200여 명의 인원이 동원된 대작으로 만들어졌다.

군민 일치사상은 2000년대에는 선군 사상으로 주제가 이어지는데 대표적인 작품에는 「약속(2001)」 「청춘은 빛나라(2001)」 「철령(2003)」 「계승자(2003)」 「대홍단전설(2003)」 「열매(2004)」 「생명(2005)」 「우리(2006)」 「가짜와 진짜(2006)」 등이 있다. 이러한 작품들의 대량 생산으로 2003년은 '경희극의 최전성기 해(「로동신문」, 11.30)'로 부르고 있다. 아울러 2000년대 경희극은 선군 혁명 문학예술의 하위 갈래로 '혁명적 경희극'이라고 한다.

현재까지 「조선예술」이나 「로동신문」에 공연사진이 실렸거나 관극평의 대상이 되었고, 조선중앙방송에도 보도된 경희극에는 「가짜와 진짜」 「계승자」 「끝장을 보자」 「다시 돌아온 잉어」 「대지에 새겨가는 약속」 「대홍단전설」 「동지」 「발동소리 울

예술영화 「끝나지 않은 편지」

린다」「보람찬 우리생활(농촌편)」「보람찬 우리생활(도시편)」「뻐꾸기 운다」「생명」「약속」「없어도 될 사람」「연구해보겠습니다」「열매」「외아들」「우리」「웃으며 가자」「자강도사람」「지향」「철령」「청춘은 빛나라」「축복」「큰잔치」「편지」「하나로 잇닿은 마음」「한마음 한 모습으로」 등이 있다. 이러한 작품들 가운데 「동지」「약속」「웃으며 가자」「축복」「편지」는 김정일의 덕성을 중심으로 설정된 작품(「조선예술」 2001.12)이다. 또한 「동지」「약속」「철령」「축복」「편지」는 선군 사상을 다룬 명작(「로동신문」, 10.16)으로 특히 「철령」은 2003년 자본주의 사상·문화 유입방지에 주력하면서 정치사상전선을 지키는 데 위력을 떨친 선군 혁명 문학예술(『로동신문』, 11.28)로 선정되었다.

영화의 종류와 제작, 보급

예술의 종류와 형태에서 본다면 북한 영화는 형상대상 및 수법에 따라 예술, 기록, 과학, 아동영화로, 용적 및 규모에 따라서는 단편, 중편, 장편영화로 나누어진다. 또한 화면의 색깔에 따라서는 흑백색, 천연색영화로, 규격에 따라서는 소폭, 광폭, 입체, 텔레비전, 녹화(비디오)영화로 나누어진다. 이러한 종류로 나누어지는 북한 영화의 기본 노선과 정책 및 실천 지침은 무엇보다 김정일의 '영화예술론'이 모든 영화이론에서 가장 우선시 된다.

영화예술론에서는 영화의 사회적 소통과정을 '영화문학의 창작 → 영화예술의 제작 → 국가 및 당의 보급'으로 제시하고 있다. 이러한 소통과정은 당 조직의 지시에 따라 행정조직을 거쳐 사회단체로 전달되면서, 그 작가가 구성원으로 소속되어 있는 집단에 의해 이루어진다. 당 조직은 영화예술과, 예술지도과, 선동과를 하부조직으로 가지고 있는 선동부와 그 상위조직인 선전선동부로 구성된다. 행정조직은 내각 문화성 산하에 있는 보급처, 계획처, 생산처, 기술처, 제작처, 재정처, 자재상사를 하위조직으로 두고 있는 영화총국이다. 당의 영화예술과에서 제작 지시가 내려오면 내각 문화성의 영화총국은 관련 실무 행정을 담당하고, 사회단체에서는 영화 제작에 착수하게 된다.

그 첫 작업은 영화문학의 창작인데 이는 크게 나누어 조선영화인동맹, 조선영화문학사, 독립 단체이거나 촬영소 산하단체로 있는 영화문학창작단, 영화문학 공모에 의해 이루어진다. '조선영화인동맹'은 1953년 설립된 조선문학예술총동맹 산하단체로 연출, 연기, 장치, 효과, 평론의 5개 분과를 산하 조직으로 두면서 각 촬영소와 협조관계를 맺고 영화 제작에 참여한다. '조선영화문학창작사'는 1948년 6월 14일 시나리오창작위원회로 창단하여 현재에 이르기까지 최고의 영화문학 창작단체이다. 이 단체는 당의 지침에 따라 주제별로 작품을 창작하는데 혁명전통과 한국전쟁이 각각 30퍼센트, 사회주의건설과 조국통일이 각각 20퍼센트로 연간, 월간 창작 계획을 수립하여 조선영화인동맹에 제출하고 노동당 중앙위원회 문화예술부의 비준을 받은 계획에 따라 작품을 창작한다. 아울러 조선영화문학창작사는 1973년 무렵 영화문학뿐만 아니라 영화주제가와 삽입가요의 가사만을 전문적으로 창작하는 '영화가사창작조'

를 조직·운영하고 있다. 영화문학사와 마찬가지로 독립 단체로 있는 것은 '백두산창작단'이다. 백두산창작단은 수령형상 창조를 전문으로 하는 영화문학창작단으로 1967년 주체시기와 함께 창단되어 1993년 해산될 때까지 김일성 유일사상체계에 이바지한 단체이다. 이 창작단은 '불후의 고전적 명작'을 영화로 옮기는 작업을 수행하고 김일성의 혁명역사와 혁명가정을 형상화하는 단체이다. 백두산창작단과는 달리 영화문학창작을 전문으로 하는 촬영소 산하 단체가 있다. 현재 영화촬영소 일곱 군데 중 산하 창작단을 가지고 있는 곳은 조선예술영화촬영소와 조선인민군 4·25 예술영화촬영소이다. 1947년 2월 6일에 창립된 '조선예술영화촬영소'는 내각 문화성 소속으로 산하 창작단으로 대흥단 창작단, 왕재산 창작단, 보천보 창작단, 삼지연 창작단, 모스 필림 제2창작단을 두고 있다. 1959년 5월 16일에 조선인민군 2·8 영화촬영소로 설립되었다가 명칭을 변경한 '조선인민군 4·25 예술영화촬영소'는 인민군 총정치국 소속으로, 산하 창작단으로는 월미도 창작단, 대덕산 창작단, 월비산 창작단을 두고 있다. 영화문학 공모는 일반 영화문학과 시나리오와 아동영화문학으로 나누어 국가적 기념일(예를 들어 김일성 생일 4월 15일, 김정일 생일 2월 16일, 노동당 창건일 10월 10일) 등에 시행하며, 조선영화문학창작사를 비롯하여 각 촬영소 혹은 서로 간의 공동으로 영화문학작품현상모집을 한다. 근래에는 텔레비전문학 작품현상모집을 하기도 한다.

영화문학작품의 심의 및 선택이 이루어지면 연출가를 중심으로 제작에 참여하는 창작단이 구성된다. 연출가는 영화문학 작가와 마찬가지로 자기가 소속된 영화촬영소에서 활동한다. 영화촬영소는 현재 일곱 곳(①조선예술영화촬영소, ②조선인민군 4· 25 예술영화촬영소, ③조선기록영화촬영소, ④조선교육영화촬영소, ⑤조선 번역영화촬영소, ⑥신필림촬영소, ⑦중공업위원회촬영소)이며 이 가운데 신필림촬영소, 중공업위원회촬영소는 사실상 해체된 것과 같 다. 영화촬영은 이러한 촬영소 가운데 실제 활동하는 5개 촬영소 소속 영화촬영가, 영화미술가, 영화음악가, 그리고 배우와 함께 창작단이 구성되면서 영화촬영이 이루어진다. 이를 시작 으로 편집을 거쳐 영화를 상영한다.

영화예술의 제작이 완료되면 공식적인 영화보급기관에 의해 영화보급이 이루어진다. 영화보급기관에는 정무원 문화예술부 영화보급사업소(현 내각 문화성 영화보급사업처)와 조선영화 보급사, 1972년 창설된 중앙예술 보급사가 있다. 영화보급사업소가 실 제 영화보급을 담당하고 있는 영화보급일꾼을 양성하여 영화 를 상영하고 대중들의 '영화실효투쟁'을 전개하도록 한다면, 중 앙예술 보급사는 극장 공연활동과 극장의 좌석을 장악하여 관 람조직에 지령체계를 세우고 극장(구경)표를 광범위한 군중에게 팔아주는 일을 한다. 이러한 보급기관들은 일반 영화를 대상으 로 전국 단일체계로 보급한다. 단, 평양은 극장이 많으므로 별 도로 영화보급사업처가 설치되어 있다.

이러한 영화의 보급체계에 따라 먼저 갖추어야 할 것은 영 화보급시설이다. 영화보급시설은 현재 약 1,000여 개의 극장이 있으며 최근에도 각지에서 계속 건설되고 있다. 현재 널리 알려진 영화보급시설은 영화관으로는 개선문 영화관, 낙원 영화관, 대동문 영화관, 평양국제영화회관이 있고 극장으로는 동평양 대극장, 만수대 예술극장, 봉화 예술극장, 조선인민군교예극장, 청년극장, 평양 대극장, 함흥 대극장이 있다. 문화 회관으로는 4·25문화회관, 국제문화회관, 만경대학생소년궁전, 인민문화궁전, 청년중앙회관, 평양학생소년궁전 그리고 행정단위마다 군중문화회관, 공장 및 생산현장의 노동자문화회관 등이 있다. 이러한 영화 상영시설에는 영화전문 상영관과 공연예술 전용관이면서 영화 상영도 가능한 극장이 있다.

이러한 영화보급은 관객의 관람으로 완성된다. 관객은 영화 상영에 참여하는 자발적인 관객집단이 아니라 영화보급일꾼들에 의해 강제화된 관람조직 집단이다. 이 때문에 영화를 관객의 대중교양사업으로 수단화한다. 즉 영화실효투쟁이 그것이다. '영화실효투쟁'이란 대중들이 영화 학습을 통해 배운 지식과 사상을 자기 사업 및 생활과 결부하여 분석·총화한 후 그것을 통해 교훈을 찾게 하는 데 있다. 그에 기초하여 새로운 투쟁의욕과 신심을 가지고 일에 달라붙게 하여 사업에서 기적과 혁신을 창조하게 하는 것이다. 이때 영화 학습이란 영화를 통한 사상정치학습이면서 영화 화면을 통한 기술문화학습이다. 그러므로 영화실효투쟁은 영화와 관련한 교육학적 과정으로 조직적, 체계적, 계획적인 사업이다.

이러한 영화의 제작에서 상영에 이르기까지 반드시 거쳐야 하는 것이 심의, 검열과정이다. 그 과정은 영화문학의 창작에서 영화시사회까지 전 과정을 거쳐야 한다. 이는 영화문학작품에 대한 문화예술부 심의위원회의 1차 검열과 연출, 촬영 장치 대본 등에 대한 촬영소심의위원회의 2차 검열, 러쉬 필름을 대상으로 한 문예부와 촬영소의 3차 공동 검열, 네가 필름(Nega Film)을 대상으로 한 중앙당 심의위원회의 4차 검열, 포지티브 프린트(Positive Print) 복사판을 대상으로 중앙당 영화부의 5차 검열로 이루어진다.

민족예술영화와 「아리랑」

민족예술영화

　북한에서 민족예술영화의 발생 시기는 1922년에서 1925년으로 본다. 이 시기에 연극과 결합하여 연쇄극을 이룬 영화는 그 자체로 예술의 독립영역으로 성립된다. 예술로서의 독자적인 영역을 확보한 영화는 첫 예술영화와 기록영화의 출연으로 나타난다. 첫 예술영화는 1921년 「월하의 맹세」이며, 첫 기록영화는 1922년 「조선의 아악」이다. 이를 시작으로 무성영화는 1925년 주체혁명문학 예술의 역사적 전통으로 확립된 카프의 창립과 1926년 나운규의 「아리랑」 직전에 이르기까지 매년 창작 작품이 증가했다. 이 시기에 창작, 제작된 무성영화에는

「춘향전(早川孤舟 연출)」「운영전(윤백남 대본, 연출)」「해의 비곡(왕필렬 연출)」「장화홍련전(박창현 대본, 연출)」「비련의 곡(早川孤舟 연출)」「신의 장(왕필렬 연출)」「흥부전(김조성 연출)」「개척자(이광수 장편소설, 이경손 연출)」「멍텅구리(이필우 연출)」「산재왕(이경손 각본, 연출)」「심청전(이경손 연출)」「쌍옥루 전·후편(이구영 연출)」「장한몽(이경손 연출)」「흑과 백(김택윤 연출)」 등이 있다. 고전소설을 각색한 영화가 주류를 이루고 있다는 점에서 이 시기는 북한에서 민족영화예술의 발생기라고 규정하고 있다.

「아리랑」

1926년 나운규의 「아리랑」은 민족예술영화의 분수령을 이루는 작품이다. 나운규가 대본을 쓰고 연출한 작품으로 자신을 비롯하여 남궁운, 신홍련, 이규설, 주인규 등이 배우로 출연한다. 이 작품은 '개와 고양이', '광인 최영진', '내 마음 어디에 두고', '그리운 사람끼리', '풍년놀이', '에필로그'라는 에피소드로 이루어져 있다.

이 작품은 일제의 식민지적 억압과 지주계급의 경제적 폭력에 의해 전문대학을 중퇴하고 미쳐버린 주인공 최영진이 자기 가정을 수탈하는 지주계급의 마름 일당을 살해하고 민요 아리랑을 부르면서 경찰에 잡혀간다는 내용이다. 이는 일제 식민지 아래 중농에서 소작농으로 전락한 최 노인 일가가 받는 지주계급의 약탈 및 폭력을 다루면서 민요 아리랑을 상징으로 민족의 한과 저항을 주제로 하고 있다. 이러한 내용을 담고 있는 작품의 예술적 성과와 한계를 북한영화계에서는 이렇게 평가하고 지적한다.

① 민족의 수난을 바탕으로 하여 민족의식을 심어주면서 일제에 대한 반항으로 승화시켰다.

② 민족의 정서적 감정을 담고 영화의 극적 구성을 박력 있게 전개해 나갔다.

③ 800명이라는 많은 인물을 등장시켜 영화의 예술적 폭을 넓혔다.

④ 주인공을 미친 사람으로 설정해 놓고 작가가 하고 싶은 말을 미친 사람의 입을 통하여 표출시키면서 주제를 돌출해 내는 형상수법을 썼다.

⑤ 대사들에 심도 있는 철학이 깔렸다.

⑥ 전래의 민요 아리랑을 주제가로 선택하고 이 옛 가락을 부를 때마다 정황이 새롭게 조성되면서 정점으로 향한 극의 흐름을 촉진했다.

⑦ 무성영화 자체의 결함과 제한성, 즉 변사가 영화의 전 과정에서 모든 것을 해설한다.

⑧ 작품 전체의 형상적 균형을 파괴하지는 않지만, 농촌 현실에 자연스럽게 밀착되지 못한 장면(윤현구가 마차를 타고 오는 장면이나 현구와 영희가 카투사의 이별에 관해 이야기하는 장면 등)이 있다.

이러한 성과와 한계의 근거로 「아리랑」은 1920년대와 1930년대 초 무성영화를 대표하는 뛰어난 작품의 하나로, 애국계몽운동에 이바지한 작품이며 처음으로 비판적 사실주의의 경지를 개척한 작품으로 자리매김하고 있다.

「아리랑」과 함께 동시기 비판적 사실주의에 속하는 영화에는 1926년 「풍운아(나운규 대본, 연출)」, 1927년 「뿔 빠진 황소(김창선 연출)」, 1928년 「사랑을 찾아서(나운규 대본, 연출)」 「암로(강호 대본, 연출)」 「유랑(김영팔 대본, 김유영 연출)」 등이 있다.

다부작 영화와 「조선의 별」

혁명적 대작과 다부작 영화

북한 연극사의 전환점이 된 「피바다」는 1971년 피바다가극
단에 의해 혁명가극으로 공연되기 전인 1969년 조선영화촬영
소에서 광폭예술영화로 제작된다. 혁명가극과 혁명연극이 주류
를 이루던 1967년 이후, 김일성 유일 지배체제 시기에 이들의
영화화가 이루어진다. 김일성의 유일사상체계를 토대로 형상화
된 수령형상영화들은 이른바 '불후의 고전적 명작'들로 평가되
어 영화로 옮기는 사업으로 계속된다. 1969년 「피바다(2부작)」
는 백두산창작단의 집체작을 각색하고, 최익규의 연출에 의해
제작된 혁명연극을 영화화한 최초의 작품이다. 1972년 「꽃 파

는 처녀」는 집체작으로 각색하여 제작한 총천연색영화이다. 같은 해 제작된 「안중근, 이등박문을 쏘다」 역시 동명의 연극을 집체작으로 각색하여 엄길선의 연출에 의해 제작된 영화이다. 이런 불후의 고전적 명작들을 영화로 옮기고자 하는 이유는 다음과 같다.

① 수령형상영화의 전통을 확립한다.
② 북한영화예술의 혁명적 전통을 확립한다.
③ 영화예술분야에서 주체사실주의 문학예술의 본보기로 삼는다.

수령형상영화는 북한에서 가장 중요하고 전통적인 장르이다. 이는 1955년 「김일성 원수의 항일유격전적지」라는 기록영화에서 시작된다. 이어 항일빨치산 투쟁을 했던 실제 혁명가들에 대한 실화를 바탕으로 만든 영화로 황해남도 당 일꾼협의회의 여성 전필녀를 모델로 한 「금녀의 운명(1962)」과 북한 부주석을 지낸 임춘추의 빨치산투쟁을 그린 「청년 전위(1965)」 등이 제작된다. 이러한 주제의 한 영화들은 그 투쟁과정에서 김일성의 영도를 받고, 그 아래에서 투쟁한다는 내용을 전제로 하므로 주체시기에 수령형상영화로 형상화된다.

또한 수령형상영화는 항일혁명 전통이라는 주제를 중심으로 다부작 영화로 제작되는 혁명적 대작이다. '다부작 영화'란 2부 이상으로 이루어진 작품을 말한다. 다부작 영화 창작의 핵

심은 단순히 이야기의 연속적 결합이 아니라 오랜 기간에 걸쳐 인물의 성장 과정과 생활의 발전을 폭넓게 보여주는 것이다. 인물의 성장 과정이란 인물의 혁명적 세계관이 정립되어 가는 과정이고, 생활의 발전이란 혁명적 사상내용을 폭넓게 보여줄 수 있는 역사적 시기의 발전과정이다. 이를 통해 다부작 영화는 전체적인 주제를 일관성 있게 형상화하면서 각 부는 상대적으로 독자성을 가진 하나의 완결된 작품으로 만들어야 한다. 이러한 다부작 영화는 김일성을 중심으로 김책, 안길, 강건, 최춘국, 조정철, 오중흡 등 항일빨치산 투쟁 활동을 개인별 연대기나 전기가 아닌 집단적 영웅으로 형상화하여 담을 수 있는 혁명적 대작 영화가 된다. 혁명적 대작 영화는 항일빨치산의 투쟁생활에 관한 사실 자료를 바탕으로 만들어야 하므로 김일성을 비롯한 항일빨치산들의 실제 증언을 먼저 소설이나 희곡 혹은 연극 등으로 창작하고, 이어서 영화문학으로 창작한 후 영화로 제작해야 하는 과정을 거친다. 이런 의미에서 혁명적 대작 영화는 다부작 장편영화로 만들어야 한다.

빨치산투쟁영화의 가장 대표적인 작품은 오중흡의 항일빨치산 투쟁을 그린 영화 「유격대의 오형제(1968~1969)」를 들 수 있다. 이 영화는 수령형상영화의 첫 출발이 되는 영화이다.

「조선의 별」과 「민족의 태양」

주체시기에 제작된 대표적인 수령형상영화는 「조선의 별」이다. 「조선의 별(1980~1987)」은 1920년대 말부터 1930년대 초를 배경으로 김일성이 조선혁명 과정에서 조선인민혁명군을 창건하여 항일투쟁을 하면서 반일 통일전선을 결성하기까지의 과정을 그린 10부작 영화이다.

제1~3부 「조선의 별(1980~1981)」은 1920년대 말에서 1930년대 초 김일성이 민족주의운동과 초기 공산주의역사에 종지부를 찍고 조선혁명의 새 기원을 열어놓기까지의 영도를 다루고 있다. 제1부는 국내 공산주의자 출신인 김혁이 만주에서 김일성을 만나 그 감동으로 「조선의 별」이라는 노래를 짓는다. 제2부는 김혁이 항일투쟁과정에서 목숨을 잃는다. 제3부는 김일성의 지도로 청년 공산주의자들이 생성된다.

제4부 「잊을 수 없는 여름(1982)」은 김일성이 일본 관동군을 상대로 싸우는 용감성과 인간미를 그려낸다.

제5부 「눈보라(1982)」는 일본군의 만주 침략에 맞서 싸우는 김일성 부대의 위용을 그려낸다.

예술영화 「조선의 별」

제6부 「불타는 봄(1982)」은 항일투쟁을 위해 조선공산당이 중국 국민군과 합작을 시도하는 가운데 김일성이 반일인민

유격대를 창건하여 항일투쟁을 선포하는 과정을 그려내고 있다.

제7부 「남만에서(1983)」는 일본의 와해공작으로 중국군과의 연합전선이 결렬되지만, 김일성의 항일유격대는 남만으로 진출하여 승리한다는 것을 그려내고 있다.

제8부 「저물어가는 1932(1984)」는 일본의 공세에 대항하여 김일성을 믿고 따르다 장렬하게 전사하는 부하들의 충성심과 의리를 그려낸다.

제9부 「로흑산의 전설(1985)」은 김일성의 항일유격대가 로흑산 지구에 진출했다가 일본군의 추격에도 적진을 뚫고 되돌아오는 과정을 그려낸다.

제10부 「불타는 근거리(1987)」는 김일성이 소왕산 유격근거지를 굳건하게 세우고 유격대와 인민들을 일치단결시켜 국내에서도 항일투쟁을 공작하는 것을 그려낸다.

이러한 내용을 담고 있는 10부작 영화 「조선의 별」은 노동계급의 수령형상문학 예술발전에서 위대한 이정표로, 영화문학은 수령형상 문학이 거둔 가장 빛나는 성과이면서 1980년대 문학의 새로운 발전 면모를 보여주는 본질적인 특징으로 평가받고 있다.

「민족의 태양(1987~1990, 5부작)」은 「조선의 별」의 속편으로 제작된 영화이다.

제1부 「준엄한 시련」은 일본 첩자의 조직을 찾아내고 처벌하는 투쟁 과정에서 김일성의 인격과 결단성을 백인준의 시나리

오, 엄길선의 연출에 의해 제작된 것이다.

제2부 「대하와 거품」은 김일성을 음해하려는 국내 공산주의자들의 투쟁과 활동 및 이에 대비되는 김일성에 대한 만주국 장군들의 존경심을 역시 백인준의 시나리오, 엄길선의 연출로 제작된 것이다.

제3부 「광복의 봄」은 김일성의 지휘로 국내 공작을 통해 조국 광복회를 창립하는 활동상을 김희봉의 시나리오, 박창성의 연출로 제작된 것이다.

제4부 「백두밀영」은 김일성이 밀영지 확보 투쟁을 통해 유격 근거지를 마련하고 공산주의에 반대하는 사람들을 설득하여 감화시키는 과정을 김희봉의 시나리오, 박창성의 연출을 통해 제작된 것이다.

제5부 「백두밀영」은 김일성이 부대원들이 국내에 잠입하여 탄광에서 조직을 건설하는 과정과 김일성에 대한 존경심을 백인준의 시나리오, 이계준의 연출로 제작된 것이다.

혁명적 대작 및 다부작 영화의 정치사회적 문맥

'혁명적 대작'이란 어떤 특수한 형식이나 형태가 있는 것이 아니다. 즉, 형식의 문제가 아니라 내용의 문제인 당의 혁명적 전통을 주제로 한 대작이다. 그 대작의 주제와 창작조건은 다음과 같다.

① 개별적인 사람들의 전기나 연대기를 지양하면서 항일혁
명 투사들의 혁명 활동을 집단으로 다루는 작품을 창작한
다.

② 조국해방전쟁을 주제로 한 작품을 창작한다.

③ 사회주의 건설을 주제로 한 작품을 창작한다.

④ 남조선혁명을 주제로 한 작품을 창작한다.

⑤ 수정주의와 예술지상주의를 반대하는 작품을 창작한다.

아울러 주제별 창작 비율은 사회주의 건설과 혁명투쟁을 '5
대 5'로 하되, 혁명투쟁의 '5'는 남반부의 투쟁을 '1'로, 북반부
의 투쟁을 '4'로 할 것을 구체화하고 있다. 이러한 혁명적 대작
은 궁극적으로는 혁명전통 교양과 공산주의 교양, 계급교양에
이바지해야 하므로 다부작의 장편영화로 만들어져야 한다.

이러한 작품의 주제와 창작 방향의 제시는 혁명적 문학예술
의 지침이 된다.
그 지침은 대내적
으로는 김일성의
지배체제를 강화
하고 대외적으로
는 수정주의로부
터 체제를 보존,
유지하기 위해서
였다. 그 결과 이

예술영화 「화성 의숙에서의 한해 여름」

시기 혁명적 대작 영화는 김일성을 중심으로 한 항일빨치산들의 집단적 영웅주의를 형상화하면서 혁명적 낙관주의와 노동계급의 공산주의적 풍모, 사회주의적 애국주의 그리고 반미구국투쟁과 조국통일을 주제로 한 작품들이 경우에 따라 다부작으로도 제작된다. 이 시기 혁명적 대작 영화는 공산주의 체제의 강화를 시대 사명으로 삼고자 한 것이며, 혁명적 대작의 다부작 영화는 김일성을 중심으로 한 항일빨치산들의 집단적 영웅주의 영화로서 김일성의 유일 체제를 형상화하는 수령형상 영화로 나아가는 토대가 된다.

정탐물 영화와 가족영화

정탐물 영화

수령형상영화와 함께 이 시기에 발생한 새로운 영화 장르는 정탐물 영화이다. 정탐물 영화는 6·25전쟁을 주제로 한 영화의 또 다른 이름이다. 「전사의 맹세(1968, 제1, 2부작)」 「적후의 진달래(1970)」 「작전문건(1970)」 「영원한 전사(1972)」 등이 있다.

「적후의 진달래」는 여성첩보원들의 활약을 통해 남한사회의 부패상 및 미국의 압제, 그리고 사회주의의 승리를 형상화한 영화이다.

「한 간호사에 대한 이야기」는 일시적 전략적 후퇴시기에 한 인민군 여전사의 투쟁 실기를 다룬 영화로, 혁명가극 「당의 참된 딸」로 형상화된 작품이다.

「영원한 전사」는 김일성의 명령에 따라 유격대원이 고향마을 조직을 복구하는 과정을 그린 것으로 김일성과 당, 대중

예술영화 「기다리는 아들」

간의 사회·정치적 생명체를 주제로 한 정탐물 영화이다.

「이름없는 영웅들(1979~1981)」은 류호선 및 고학립의 시나리오에 기초하여 제작된 20부작 영화이다. 이는 6·25전쟁을 둘러싸고 북한이 미국, 영국 등과 첩보전을 벌이는 것을 기본 줄거리로 삼고 있다. 1952년 한국 주재 기자 유림은 서울에서 대미 첩보활동을 한다. 미군 첩보대장 클라우스가 집요한 추적을 하지만 유림은 동지의 희생을 치르면서도 공작을 수행한다. 유림은 공작원 순희를 만나 함께 공작을 수행하면서 미국의 새로운 전쟁 공세계획을 밝혀내고 대응책을 마련한다. 유림은 공세계획이 새어나간 것을 의심하는 미군들의 대응 속에서 저격을 당하지만 끝까지 공작을 수행한다. 유림 및 순희와 그의 동지들은 미군 첩보대장 클라우스의 집요한 추적과 음모에도 결국 그 공세의 전략적 비밀을 캐낸다. 유림의 활약으로 북한은 전쟁에서 승리하고 클라우스는 자살한다. 이러한 내용으로 된 작

품은 김정일의 '예술영화 「이름없는 영웅들」을 정탐물 영화의 대표작으로 만드는 것에 대하여(1975.10.22)'에서와 같이 정탐물 영화의 대표작이면서 북한 전쟁영화의 최고작품이다. 물론 이러한 정탐물 영화도 김일성주의를 근본으로 하여 6·25전쟁을 주제로 다루고 있다.

가족영화 「우리 집 문제」 및 「다시 시작한 우리 집 문제」 시리즈

수령형상 영화에서 김일성주의를 이어받으며 이 시기에 등장한 새로운 영화는 일반 주민의 일상생활을 소재로 삼고 있는 가족영화이다.

이러한 가족영화는 「우리 집 문제」로 시작하여 그 속편 영화들 「우리 누이 집 문제」「우리 옆집 문제」「우리 윗집 문제」「우리 아랫집 문제」「우리 사돈집 문제」「우리 처가 문제」「우리 큰 집 문제」「우리 작은 집 문제」「우리는 모두 한 가정」으로

「우리는 모두 한 가정(좌)」과 「우리 삼촌집 문제(우)」

1982년까지 총 10부작 시리즈로 제작된다. 이어 1986년부터 「다시 시작한 우리 집 문제」가 제작되면서 그 후속편과 함께 개별 가족구성원을 중심으로 하는 가족영화가 제작되는데 「아들들」을 시작으로 「어머니의 마음」 「나의 행복」 「아버지의 마음」 「나의 어머니」 「노래 속에 꽃피는 가정」 「효녀」에 이른다. 이러한 가족영화는 다시 1994년 「어머니는 포수였다」를 후속으로 「청춘이여」 「나의 아버지」 「해운동의 두 가정」을 거쳐 2000년 「나의 가정」이 제작된다.

「해운동의 두 가정」

이러한 가족영화들 가운데 「해운동의 두 가정(1996)」은 다른 작품들이 한 가정사를 다루는 것과는 달리 두 가정 간의 대조와 대비를 통해 가정사의 문제를 보여주는 영화이다. 내용은 다음과 같다.

봄이네 아파트에 용접분야 박사와 가수가 부부인 별이네 가족이 이사를 온다. 마을 사람들이 모두 이사를 도와주는데 별이네 남편은 그 자리에 없고 직장에 있다. 봄이네 가정은 과학기술분야 박사와 특허발명품 소개 강사가 부부이다. 봄이 아버지는 박사가 된 후부터 직장생활을 소홀히 하고 가정생활을 더 중요시한다. 별이 엄마가 봄이네 집으로 초대를 받아 봄이 엄마와 이야기를 나누기 시작하면서 별이네 부부는 갈등을 일으키기 시작한다. 별이 엄마는 봄이 아빠와는 달리 별이 아빠가 일

밖에 모른다고 불평을 한다. 봄이 아빠는 용접봉 개발을 이야기하면서 과학원으로부터 대출한 책을 공장지배인에게 오히려 되돌려준다. 용접봉을 개발하고 있던 별이 아빠는 공장지배인으로부터 그 책을 받아 참고자료로 삼고 개발에 박차를 가한다. 그 무렵 별이 엄마는 지방공연을 가면서 별이 아빠에게 자기들 부부관계에 대한 회의적인 메모를 남긴다. 별이 아빠가 용접봉 개발에 더욱더 힘쓰게 되자 주위 사람들이 별이를 돌봐준다. 봄이 엄마는 별이 엄마와는 달리 가정생활보다는 조국을 위하여 헌신하는 별이 아빠를 더 존경하게 된다. 봄이 엄마는 봄이 아빠에게 박사 학위를 받기 이전처럼 사회에 헌신적인 모습으로 되돌아가자고 하지만 봄이 아빠는 옛날 이야기를 그만하라며 뿌리친다. 별이 엄마는 지방공연을 마치고 돌아온 후 인민반장과 봄이 엄마로부터 행복한 여성이라는 말을 듣는다. 이때부터 가정생활을 중시하는 봄이 아빠와 사회 헌신을 요구하는 봄이 엄마 사이에도 갈등이 시작된다. 실패 끝에 결국 별이 아빠는 새로운 용접봉 개발에 성공한다. 발명품 전시회에서 봄이 엄마가 발명품을 소개하자 그 영광을 별이 엄마가 받게 된다. 별이 엄마는 축하 꽃다발을 들고 공장을 찾아가서는 책상 위에 잠든 별이 아빠를 보면서 만족스러워한다. 전시장에 뒤늦게 나타난 봄이 아빠는 자신의 생활태도를 반성하면서 사회에 헌신하겠다는 각오를 다진다. 따라서 이 영화작품은 별이네와 봄이네 두 가정에서 일어난 개인적 사생활과 사회적 헌신 문제를 대조시켜가며 다룬 작품이다.

가족영화의 정치사회적 문맥

　가족영화 「우리 집 문제」와 그 속편 및 후속편들은 공통으로 온 사회의 주체 사상화를 위한 가정 혁명화 문제를 다루고 있는데 이는 사회변화에 따라 발생하는 가족구성원들 간의 세대갈등 문제이다. 북한에서 사회변화는 1953년 종전을 기준으로 사회주의건설시기 이전과 이후로 나누어지는데, 이 갈등은 사회주의건설을 경험한 세대와 경험하지 못한 세대 간의 갈등을 말한다. 그 갈등의 원인은 직업문제 및 결혼문제를 중심으로 한 일상생활사이며 해결방식은 신세대가 구세대가 겪었던 현실적인 삶의 경험을 수락하는 것이다. 이러한 갈등의 원인과 해결방식에서 본다면 가족영화 「우리 집 문제」 시리즈는 구세대의 가부장적 질서 수락을 주제로 하여 기존 사회의 지배 이데올로기를 강화하는 것이다. 이는 김정일이 김일성의 정치적 지위와 역할을 그대로 이어받는 것을 수락함으로써 김정일 후계체제의 정당화를 강화하는 것이다.

　개별 가족구성원을 중심으로 하는 가족영화도 공통으로 온 사회의 주체 사상화를 위한 가정 혁명화 문제를 다루고 있는데 「아들들(1986)」 「어머니의 마음(1986)」 「나의 행복(1988)」 「아버지의 마음(1989)」 「나의 어머니(1990)」 「효녀(1991)」 등이 그것이다. 이러한 영화들은 가족구성원들 간의 갈등문제를 대상으로 가정 혁명화를 다루고 있는 「우리 집 문제」 시리즈와는 달리 결손가정을 대상으로 수령과 당에 대한 충성심을 다루고 있다.

예술영화 「병사를 사랑하라」

그 결손가정은 항일혁명투쟁기에서 아들의 전사, 조국해방전쟁에서 아들의 전사, 미제의 해안 도발로 말미암은 남편의 전사, 징용 간 아버지의 죽음 탓에 고아원에서 자라난 고아, 가난으로 민며느리로 팔려 간 여성 등과 같이 사회적·역사적 원인에 의해 가장을 잃은 여성으로 이루어져 있다. 이러한 여성들은 공화국영웅칭호를 받거나 최고인민회의대의원, 혁명의 충복이 되어 수령을 어버이로 삼아 온 나라를 하나의 대 가정으로 이루면서 살아간다. 결손가정을 소재로 한 이러한 가족영화는 김일성 수령을 어버이로 삼아 수령과 당 및 일반 인민 대중들을 '사회주의 대 가정'으로 형상화하여 일반 주민에게 서로 운명공동체로 받아들이게 하는 것이 목적이다.

다부작 「민족과 운명」과 가벼운 장르 영화

조선민족제일주의

김일성 유일 지배체제에 이어 김정일이 1991년 조선인민군 최고사령관으로 추대되고, 1994년 7월 김일성의 사망을 계기로 유훈 통치기를 거쳐 1997년 10월 당 총비서와 1998년 9월 국방위원장으로서 국가수반이 되어 현재에 이르는 시기까지 가장 중요한 사상은 '조선민족제일주의'이다. 이 시기는 김정일이 주체문학 예술이론을 완성하여 주체사실주의를 공식화하고 완성함으로써 사회주의 체제의 강화와 함께 문학예술의 새로운 전환을 일으킨 시기이다.

이 시기에서 가장 중요한 정치·사회적 문제는 김일성의 유일 지배체제에 이어 등장한 김정일 체제를 모색하여 확립하는 것이다. 이에 맞추어 김정일은 '무용예술론(1990.9.13)', '미술론 (1991.10.16)', '음악예술론(1991.7.17)', '건축예술론(1991.10.23)', '주체문학론(1992.1.20)' 등 일련의 주체문학 예술이론을 만들어 주체사실주의를 공식화하고 완성하여 주체문학 예술의 새로운 전기를 마련할 것을 제안한다. 그 제안은 1992년 5월 23일 문학 예술부문 일꾼과 창작가, 예술인들과 한 담화에서 김정일은 '다부작 예술영화 「민족과 운명」의 창작성과에 토대하여 문학 예술 건설에서 새로운 전환을 일으키자'고 말함으로써 조선민족제일주의로 구체화한다.

그전 시기인 1986년 7월 김정일이 당 중앙위원회 책임 일꾼들 앞에서 한 연설인 '주체사상에서 제기되는 몇 가지 문제에 대하여'에서 강조한 것은 주체사상의 실천이론으로 조선민족제일주의이다. 이어 1989년 12월 28일 당 중앙위원회 책임 일꾼들에게 한 연설 '조선민족제일주의 정신을 높이 발양시키자'에서는 조선민족제일주의를 조선 민족의 긍지와 자부심으로 정의하여 문학예술 창작의 기본 이론으로 삼고 있다. 이러한 과정을 거쳐 인민 대중 가요 「내 나라 제일로 좋아(1991)」를 예술영화 「민족과 운명」으로 제작할 것을 지시하여 1992년 「민족과 운명」 창작 국가준비위원회가 구성된다. 조선민족제일주의는 '우리 수령이 제일이고 우리 당이 제일이고 우리 인민이 제일이고 우리 사회가 제일'이라는 정신으로 이데올로기화된다.

조선민족제일주의의 이데올로기화는 동시대 사회주의의 위

기와 관련된다. 1991년 김일성은 「로동신문」에 발표한 신년사에서 사회주의체제를 강화하고 발전시켜 완전한 승리를 쟁취하자고 역설한다. 사회주의체제의 강화 발전은 1990년 소련을 비롯한 동구 사회주의의 몰락을 뜻하는 '사회주의 위기' 혹은 '제국주의자들의 반공화국, 반사회주의 소동'에 대응하여 유일사상체계와 후계체계를 더욱더 강화하기 위한 것이다.

이에 김정일은 "오늘 제국주의자들이 사회주의제도를 내부로부터 와해시키려고 더욱 악랄하게 책동하며 사회주의를 건설하던 일부 나라들에서 혁명에 대한 신심을 잃고 사회주의를 자본주의로 되돌려 세우고 있는 조건에서 더욱 절실하게 제기되는 것"으로 조선민족제일주의 정신을 강조하고 있다.

조선민족제일주의를 바탕으로 한 문학예술 건설에서 새로운 전환이란 주체 사실주의로부터의 전환이 아니라 오히려 그것을 더욱 견고히 하기 위해 문학예술가들의 구태의연한 창작 태도와 자세를 비판한 것이다. 그 비판은 1990년대 혁명 문학 예술 작품의 창작 양이 이전 시기보다 상대적으로 적어질 뿐만 아니라, 1994년 7월 김일성의 사망을 계기로 하여 5년간 진행되었던 유훈 통치기 기간 속에서도 작품 창작의 양이 훨씬 감소했다는 데 있다. 이에 문학예술 건설의 새로운 전환은 주체사실주의에 입각한 작품의 지속적인 창작을 뜻하는 것이다.

따라서 조선민족제일주의는 정치·사회적으로는 국제 사회주의의 해체에 대한 북한사회의 통제이데올로기로, 문화 예술적으로는 주체사실주의의 완성 덕분에 오히려 소멸해가는 혁명

문학 예술의 새로운 창작과 통제의 이데올로기로 대두한 것이다.

다부작 「민족과 운명」

영화 「민족과 운명」은 주체사실주의에 토대를 둔 조선민족제일주의를 실천한 첫 번째 문학예술 작품이다. 이 영화에 토대를 두어 조선민족제일주의가 실현된 것은 인민 대중 가요 「내 나라 제일로 좋아(1991)」인데 가사의 전문을 소개하면 다음과 같다.

이국의 들가에 피어난 꽃도 내 나라 꽃 보다 곱지 못했소
돌아보면 세상은 넓고 넓어도 내 사는 내 나라 제일로 좋아
랄라랄라 랄라라 랄라랄라라 내 사는 내 나라 제일로 좋아

벗들이 부어준 한 모금 물도 내 고향 샘처럼 달지 못했소
돌아보면 세상은 넓고 넓어도 내 사는 내 나라 제일로 좋아
랄라랄라 랄라라 랄라랄라라 내 사는 내 나라 제일로 좋아

노래도 아리랑 곡조가 좋아 멀리서도 정답게 불러보았소
돌아보면 세상은 넓고 넓어도 내 사는 내 나라 제일로 좋아
랄라랄라 랄라라 랄라랄라라 내 사는 내 나라 제일로 좋아

해와 별 비치여 밝고 정든 곳 내 다시 안길 땐 절을 하였소

돌아보면 세상은 넓고 넓어도 내 사는 내 나라 제일로 좋아

랄라랄라 랄라라 랄라랄라라 내 사는 내 나라 제일로 좋아

「민족과 운명」은 '내가 사는 내 나라가 제일 좋아'라는 주제로 7부작으로 첫 기획, 제작되었는데 현재까지 계속되고 있다. 그 짜임을 살펴보면 다음과 같다.

부수	제목	모델 인물
제1~4부	최현덕 편	최덕신
제5부, 제14~16부	윤상민 편	윤이상
제6~7부	차홍기 편	최홍희
제8~10부	홍영자 편	최홍희
제11~13부	리정모 편	이인모
제17~18부	허정숙 편	허정숙
제19~24부	귀화한 일본여성 편	귀화한 일본여성
제25~33부, 제43~44부	노동계급 편	강선제강소 노동자
제34~42부	카프작가 편	카프작가
제45~47부, 제53~55부	최현 편	최현
제48~58부, 제61~부	어제, 오늘 그리고 내일	
제59~60부	농민 편	

제1~7부까지는 최덕신을 모델로 한 최현덕 편, 윤이상을 모델로 한 윤상민 편, 최홍희를 모델로 한 차홍기 편이다. 최덕신, 윤이상, 최홍희는 외국에서 남한의 반정부 활동을 하다 북한 권력층이 되거나 친북단체 활동을 한 인물들이다. 이러한 인물들을 주인공으로 설정하여 제1~7부까지는 북한 사회주의제도의 우월성을 남한 자본주의체제의 열등성과 대비하여 그려내고 있다.

제8~10부는 제6~7부 차홍기 편에 이어서 홍영자 편으로 제작된다. 차홍기 편의 속편이라고 할 수 홍영자 편은 실재 인물을 모델로 한 것이 아니라 허구적 인물이다. 허구적 인물 홍영자를 남한의 부패를 상징하는 정치적 매춘부로 설정하여 박정희에서 전두환으로 이어지는 한국 현대정치사의 부패를 보여주면서 반동적인 인물도 북한식 사회주의제도 아래서는 새로운 삶의 가능성이 있음을 그려내고 있다.

제11~13부는 이인모를 모델로 한 리정모 편으로 전 조선인민군 종군기자인 비전향 장기수 이인모의 일대기로 제작되었다.

제14~16부는 윤이상을 모델로 한 제5부 윤상민 편에 이어 제작된다. 제5부에서 다루고 있는 동백림간첩단 사건 이후 남한의 끈질긴 공작에도 북한에서 예술가로서 이상적인 삶을 살아간다는 내용을 그리고 있다.

제11~13부 리정모 편과 제14~16부 윤상민 편은 공통으로 북한 사회주의제도의 우월성을 보여주면서 그 우월성이 수령 김일성과 지도자 김정일에 의해서 이루어지고 있음을 강조하고 있다.

제17~18부는 허정숙을 모델로 한 허정순 편이다. 허정숙은 실재 인물로 항일무장혁명시기부터 1991년 사망에 이르기까지 북한 권력층의 핵심 인물이다. 허정순 편은 북한 권력층을 모델로 하여 김일성의 혁명적 수령관을 실천하는 모습을 그려내고 있다.

제19~24부는 귀화한 일본인 여성 편으로 기획·제작된다. 작품은 임은정(일본명-이즈미 기요시)과 딸 아카마 유키코라는 허구적 인물을 설정하여 사회주의 조국 북한이 인민의 낙원이며, 그 낙원이 김정일의 은혜임을 그려내고 있다.

제25~33부와 제43~44부는 천리마운동의 효시가 된 강선제강소의 노동자들을 모델로 한 노동계급 편이다. 강선제강소 노동자 강태관을 허구적 인물로 설정하여 김일성에 대한 충성을 바탕으로 한 노동계급의 혁명화 주제를 그리고 있다.

제34~42부는 북한 항일혁명문학 예술의 역사적 전통인 카프를 모델로 한 카프 작가 편이다. 카프 시인 이찬을 주인공으로 설정하고 실제 카프 계열 작가들을 중심으로 카프의 결성에서 월북을 거쳐 6·25전쟁에 이르기까지의 과정을 보여주고 있다. 그 과정을 통해 김일성과 당이 예술가들의 참된 삶과 행복의 터전임을 그려내고 있다.

제45~47부와 제53~55부는 실재 인물 최현의 일대기를 그린 최현 편이다. 김일성에게 충성을 다 바친 항일혁명투자 최현의 일대기를 그림으로써 김일성주의가 민족의 운명을 담보하는 체제임을 보여주고 있다.

제48~52부와 제61부 이후는 「어제 오늘 그리고 내일」편이다. 현재 계속 제작되고 있는 이편은 전편들과는 달리 북한주민의 일상생활을 개인의 과거사 반성을 통해 사회주의의 낙천적 미래로 나아갈 수 있다는 주제를 형상화하고 있다.

제48부는 「어제 오늘 그리고 내일」의 제1편인데 애국과 반역이 혁명적 신념을 지키는지 못 지키는지에 따라 결정된다는 주제를 형상화하고 있다.

제53~54부는 「어제 오늘 그리고 내일」의 제2~3편인데 6·25전쟁 시기 혁명적 신념문제를 중심으로 애국자와 반역자가 나타나는 과정을 주제로 하고 있다.

제55부는 「어제 오늘 그리고 내일」의 제4편인데 김일성과 조국에 대한 끝없는 충성심이 참된 행복임을 주제로 하고 있다.

제56부는 「어제 오늘 그리고 내일」의 제5편으로 혁명가의 절대적 신념은 혈육 사이에도 양보할 수 없다는 것을 주제로 하고 있다.

제57~58부는 「어제 오늘 그리고 내일」의 제6~7편으로 계급투쟁은 과거에서 현재까지 지속하는 것으로써 계급적 원칙을 지켜야 한다는 것을 주제로 하고 있다.

제59~60부는 노동계급 편(제25~33부와 제43~44부)의 주제와 함께 농민계급 혁명화 주제를 그려내고 있다.

제61부는 「어제 오늘 그리고 내일」의 제8편으로 인민의 참된 삶과 행복은 '우리식 사회주의제도'를 수호하는 것에 있음을 주제로 하고 있다.

지금까지 살펴본 바와 같이 「민족과 운명」은 항일혁명투사, 노동계급, 농민계급 등 북한사회의 지배세력과 그 추종세력을 이루는 특정집단과 그 구성원, 월북하거나 친북적인 인물, 남한의 반정부 인물들을 주 인물로 하여 북한식 사회주의제도의 우월성과 남한, 미국, 일본 등 자본주 사회의 열등성을 대비해 보여주고, 반동 인물의 과거사 반성을 통해 김일성과 김정일의 영도 아래서 인민의 낙원으로 나아갈 수 있음을 그려내고 있다. 즉 「민족과 운명」은 북한사회의 통제이데올로기로 조선민족제일주의를 통해 일반 주민에게 사회주의제도가 인민의 낙원임을 훈육하고자 한다. 이에 「민족과 운명」을 북한에서는 김정일의 주체관, 혁명적 수령관과 혁명관, 주체의 인생관과 혁명적 낙관주의, 주체의 문예관과 미학관, 현 북한 체제의 모든 부분이 구현된 1990년대 북한문화를 공식적으로 대표하는 작품으로 평가하고 있다.

가족영화와 정치사회적 문맥

이 시기에도 가족영화의 제작은 계속된다. 가족영화에는 「대동강에서 만난 사람들(1993, 2부작)」 「청춘이여(1995)」 「해운동의 두 가정(1996)」 「나의 가정(1900)」 「숲 속의 갈림길(1990)」 「도시처녀 시집와요(1993)」「내가 사랑하는 처녀(1995)」「우리는 청춘(1995)」 등이 있다.

「대동강에서 만난 사람들」은, 김세륜·장광남의 시나리오, 김길인·이경진의 연출(제1부), 이희찬·박창수의 시나리오, 김길인·김길하의 연출(제2부)로 제작된 2부작 영화이다. 내용은 이렇다.

대동강 여객선의 공훈 선장 강선달은 승객들이 모두 한가족이라는 생각으로 평생을 대동강에서 보낸 사람이다. 강선달의 큰아들은 대동강 건설사업소 지배인으로 서해 갑문 노력동원에서 생명을 바친 수철의 홀어머니를 자기 집으로 모시는 문제에 대해 가족회의를 연다. 강선달의 자식들은 강선달과 수철어머니를 아예 재혼시키자고 결정하여 양쪽의 의중을 떠보지만 당사자들은 거절한다. 강선달은 재혼하기를 원하지 않는다는 말로, 수철 어머니는 이미 마음에 둔 사람이 있다고 말하여 서로 상봉조차 하지 않는다. 수철 어머니는 통일거리 건설장 지원물자를 가지고 대동강 여객선을 탄다. 강선달과 수철어머니는 여객선 갑판에서 벌어진 노래잔치에서 서로 호감을 느낀다. 강선달은 통일거리 건설장의 노력동원을 지원하고 수철 어머니와 함께 극장을 가기도 하면서 정을 쌓는다. 한편 모래 채취선 선장 동찬과 물스키를 타는 혜영은 서로 사랑하지만, 그녀의 집에서 반대하여 고민한다. 강선달은 동찬의 큰아버지 역할을 하여 혜영과 이모인 수철 어머니를 자기 집으로 초대한다. 수철 어머니는 강선달의 큰아들이 권유한 재혼상대자가 강선달임을 알고는 놀라서 그 집을 뛰쳐나온다. 강선달은 동찬과 혜영의 사랑을 이루어주기 위해 그녀의 부모님을 방문하려고 한다. 강선달은 약속시각에 늦은 동생을 남겨두고 제수씨와 함께 혜영의 부모님을 만난다. 동생은 뒤늦게 따라가서 혜영의 이모인 수철 어머니를 만나 강선달이 동찬의 큰아버지가 아님을 밝힌다. 강선달은 제수씨와 함께 혜영의 부모를 설득할 작전을 세우는 가운데 혜영의 부모는 그 두 사람이 결혼할 사이라고 오해한다. 동찬과 혜영은 강선달이 큰아버지가 아님을 밝히려 그녀의 집으로 온다. 혜영의 부모는 동찬을 보고는 혜영과의 결혼을 허락하기로 한다. 그 모임에 아들 부부도 함께 나타나서 강선달과 제수씨 간의 관계에 대한 오해가 풀린다. 혜영 이모인 수철 어머니는 오해를 풀고 강선달과 재혼하기로 한다.

이러한 줄거리에서 본다면 이 작품은 자식들이 홀로된 아버지와 역시 홀로된 여인과의 재혼을 이루게 한다는 것으로 가족영화 가운데 재혼문제를 다룬 주목할 만한 작품이다.

「청춘이여」는 이일철의 시나리오, 전종팔의 연출에 의해 제작된 영화로 북한 가정 내부에 있는 남녀에 관한 고정 관념 문제를 다룬 것이다. 내용은 이렇다.

아버지는 신문사 체육기자이고 어머니는 유원지 책임지도원, 고구려 무예사를 연구하는 큰아들 준 박사와 다섯 딸들(큰딸은 축구선수, 둘째 딸은 역도선수, 셋째 딸은 농구선수, 넷째 딸은 예술 체조선수, 막내는 수영선수)이 모인 가정에서 직면하고 있는 가장 큰 문제는 큰아들의 결혼이다. 어머니와 큰아들은 체육선수를 며느리로 얻지 않겠다며 다섯 딸이 가져온 며느리 후보의 사진을 모두 체육선수라고 거절한다. 아버지는 다섯 딸이 청춘 거리에서 활약하는 모습을 보여주면서 어머니를 설득하려고 하지만 어머니와 큰아들에게 거절당한다. 큰아들은 고구려 무예를 연구하기 위해 대학습당에 가서는 태권도선수 은경을 수예사로 잘못 알고 가까워진다. 이런 소식을 듣고 어머니가 수예사 처녀를 며느리로 삼겠다고 하자 은경은 큰아들과 이루어질 수 없는 관계임을 알고는 더 이상 만남을 거절한다. 큰아들은 은경이 태권도선수임을 알고 나서도 수령과 조국을 위한 열정에 감명을 받아 은경에게 만나 달라고 요구한다. 은경은 태권도선수권대회에서 우승한 후 만나자고 말하고 큰아들은 고구려의 기상이 넘치는 논문을 통과시키겠다고 결심한다. 어머니는 은경이 태권도선수임을 알자 세계태권도대회가 열리는 체육관으로 가서 그녀와 큰아들을 떼어놓으려고 한다. 어머니는 대회에서 은경이 우승하여 깃발을 휘날리자 자기 아들의 애인임을 자랑스러워하며 은경을 며느리로 맞이하게 된다.

「도시처녀 시집와요」는 장유선의 시나리오, 김윤의 연출에 의해 평양연극영화대학 청소년영화창작단이 제작한 영화이다. 이 영화는 1990년대 북한사회에서 가장 인기를 얻었던 대중가요 「도시처녀 시집와요」를 영화화한 것이다. 이 가요는 이종오의 작곡과 최준경의 작사로 만들어진 것으로 내용은 다음과 같다.

고개 넘어 령을 넘어 버스를 타고 도시처녀 이상촌에 시집을 와요 차창 밖에 웃음꽃들을 방실 날리며 새살림의 꿈을 안고 정들러 와요 시집와요 시집와요 도시처녀 시집와요 문화농촌 하 좋아 시집와요…….

영화 「도시처녀 시집와요」의 내용은 다음과 같다.

도시처녀 이향은 평양의 피복공장 재단사로 성실한 노력과 땀으로 당을 받들어 가는 전형적인 근로자이다. 이향은 언제나 인간적 향기를 가진 사람을 배우자로 삼을 것이며 그런 사람이 어디에서 무엇을 하든 모든 것을 바쳐서 사랑하겠다고 말한다. 농촌총각 성식은 협동농장 관리위원장이었던 아버지의 뜻을 받들어 진짜배기 농사꾼이 되겠다는 청년이다. 이러한 성식은 농촌의 발전에 모든 힘을 쏟고 오리도 키우는 오리 대장이다. 어느 날 이향이 다니던 공장에서 농촌 지원을 나간다. 온천농장의 모내기를 하면서 이향은 성식을 만나고 성식 어머니, 공장장 광호, 혜선 등의 후원 속에서 성식과 가까워진다. 공장장 광호는 성실한 공장일군 한 명을 얻으려는 속셈으로 성식과 이향이 가까워지도록 지원한다. 광호는 성식과 이향을 예술 친선공연과 친선 송구(핸드볼)경기에 함께 참가하게 하고, 성식 어머니로 하여금 이향에게 옷을 지어주도록 부탁한다. 광호는 성식이 고향을 지상낙원으로 건설하겠다는 의지를 가지고 고향을 떠날 생각이 없음을 알고 이향과의 관계가 더는 가까워지지 않도록 한다. 이향은 성식이 갑자기 냉담해지자 마음이 변한 것으로 오해하지만 뒤늦게 자기에 대한 사랑의 마음을 알고는 성식과 함께 농촌의 삶을 선택한다.

이러한 줄거리에서 본다면 이 작품은 고향을 사회주의 문화농촌으로 변화시키려는 농촌 청년과 이에 감동하여 일생을 같이할 것을 다짐하고 농촌에 뿌리내리는 도시처녀 간의 사랑에서 결혼에 이르기까지의 과정을 그린 영화이다.

이러한 가족영화는 북한사회의 사회문제, 즉 도시와 농촌 간의 생활격차, 세대갈등, 직업의식의 변화, 신분구조의 변동과 이에 대한 인민들의 소외의식 등을 형상화한 사회문제 영화로 확산한다.

경희극영화와 정치사회적 문맥

이 시기에도 역시 주제와 소재의 다양화가 이루어지면서 경희극영화를 중심으로 가벼운 영화들이 제작된다.

경희극영화는 관객 지향성의 영화를 제작한 김정일 후계 체제 시기에서 시작되어 김정일 체제 모색 시기에 이르러서 관객들에게 널리 일반화된다. 경희극영화는 희극과 경희극에 관한 이론체계의 정립을 기초로 이루어진다. 즉 경희극을 오늘날의 현실에서 나타나고 있는 온갖 낡고 뒤떨어진 사상 잔재와 현상을 웃음을 통해 비판하는 사상교양의 힘 있는 무기로 발전하여 온 것이다. 우리식 사회주의에서는 부정을 폭로하고 규탄하며 결렬하는 방법이 아니라, 현실 생활 속에 부분적으로 남아 있는 낡은 사상의 잔재 요소들을 웃음으로 비판하고 교양·개조하여 다 같이 손잡고 전진하는 데 이바지해야 할 것으로 그 기능을 설정하고 있다. 대표적인 영화로는 「편지(1990)」 「사랑의 물소리(1990)」 「종달새(1990)」 「내 고향의 처녀들(1992)」 「음악가 정률성(1992)」 「내가 사랑하는 처녀(1995)」 「불가사리(1995)」 「우리는 청춘(1995)」 「병사를 사랑하라(1996)」 「사랑의 대지(1999~2000, 전·후편)」 「사랑의 거리(2003)」 「사랑의 종소리(2003)」 등이 있다.

「음악가 정률성」은 오혜영의 시나리오, 조경순의 연출에 의해 조선2·8예술영화촬영소가 제작한 음악가 정률성의 일대기를 그린 영화이다. 내용은 정률성과 연인 설송과의 사랑에서 가정을 이루기까지를 전면으로 내세우면서 인민군행진곡을 창작하고 혁명음악가의 칭호를 듣기까지의 과정을 그리고 있다.

「불가사리」는 이춘구 및 김세륜의 시나리오, 정건조의 연출에 의해 민간 전설을 계급 사관으로 해석한 작품으로 북한의 첫 괴수영화이다. 내용은 환상의 동물 불가사리를 중심으로 통치계급의 악랄성과 이에 맞서 싸우는 농민들의 투쟁에서 승리에 이르는 과정을 형상화한 것이다.

「사랑의 대지」는 한 처녀 의사가 앉은뱅이 북송 재일동포 처녀를 따뜻한 사랑으로 감싸 결국에는 장애를 극복하기까지를 그린 영화이다.

이 밖에도 평양에서 살아가던 혜순을 비롯한 새로운 세대들이 사회주의 이상촌을 만들기 위해 농촌으로 들어가서 생활한다는 내용을 그린 「우리 새 세대(1996)」와 외딴 철길 관리 초소원 향순이 초소생활에 마음을 붙이지 못하고 사고를 치다가 동료와 철길감시원인 석호 아버지의 헌신에 감명받아 모범 여군으로 변화하는 과정을 그린 「여병사의 수기(1903)」 등이 있다.

탈북자가 뽑은 최고의 북한 영화

북한에서 영화는 영화문학의 창작에서 영화예술의 제작을 거쳐 영화 보급 일꾼에 의해 전달, 유통되어 관객의 관람에 이르는 과정은 스스로 공언하고 있는 바와 같이 주체사상을 토대로 하면서 그 범위 속에서만 이루어진다.

영화는 김일성과 김정일의 주체혁명에 이바지하는 정치적 이데올로기이며, 영화 창작 주체와 대상 관객들은 그 이데올로기만을 수락, 수용하는 정치적 행위의 객체로서만 존재할 뿐이다. 영화뿐만 아니라 모든 문학예술에서 관객은 수동적인 수용자이다.

수동적 수용자로서 관객은 영화를 선택하여 관람하는 것에서 자발적인 관객의식이 전혀 없는 것은 아니다. 관객은 의무적으로 관람하게 되어 있는 '현지지도영화'를 제외하고는 대부분 관람비용을 지급하고 영화를 선택한다. 그 선택 범위가 주체사상의 이데올로기에 한정된 영화라고 할지라도 관객은 이성적이 아닌 정서적으로 작품에 몰입하여 감상함으로써 자기의 경험을 작품 속의 경험과 비교하여 마음속에서 재창조하거나 전혀 새로운 경험으로 받아들이기도 한다. 이때 관객의 정서는 작품을 전체적으로 수용하여 이성적인 판단을 내리기보다는 특정한 장면을 통해 특정한 경험을 정서적으로 수용하게 된다. 이런 의미에서 관객은 수동적 수용자로서만 머물러 있는 것이 아니라 자발적인 참여자로서 관객의식을 가지게 되는 것이다.

탈북자들이 뽑은 최고의 북한영화는 1986년에 제작된 역사무협극 「홍길동」인 것으로 나타났다. 영화진흥위원회 연구팀이 성별, 연령별, 출신지별, 학력별 분포를 고려해 뽑은 탈북자 40명을 대상으로 설문조사를 시행한 결과 「홍길동」이 가장 많은 20표(복수응답)를 얻었다. 역시 역사무협극인 「임꺽정」이 연작영화 「민족의 운명」과 함께 17표로 공동 2위에 올랐으며 「봄날의 눈석이(15표)」, 「이름 없는 영웅들(14표)」, 「도라지 꽃(13표)」, 「명령 027호」, 「보증」(이상 11표), 「조선의 별(10표)」, 「군당책임비서」, 「춘향전」(이상 8표) 등이 뒤를 이었다. 신상옥 감독이 춘향전을 토대로 만든 뮤지컬 영화 「사랑 사랑 내 사랑」은 공동 12위에 랭크됐고 1972년 체코의 카를로비 바리 영화제에서 수상해 외국에서도 널리 알려진

「꽃 파는 처녀」는 19위에 머물렀다(이희용 기자, '탈북자가 뽑
은 최고 북한영화는 「홍길동」, 「연합뉴스」 1993.2.20).

인용문에서뿐만 아니라 탈북청소년의 영화에 대한 설문 조
사에 따르면 청소년들이 가장 선호하는 영화는 액션영화로 「홍
길동」 「명령 027」 「월미도」 「고려 여무사」 등을 대표적으로 꼽고
있다.

탈북 청소년이 뽑은 가장 인기 있는 첫 번째 영화는 「민족의
운명」이다. 그 이유는 일반적인 북한영화와는 달리 새로운 주
제와 구경거리를 보여주기 때문이다. 새로운 주제란 김일성 찬
양과 항일 무장혁명의 승리, 제국주의의 적대적 관계와 모순
에서 벗어나 다양한 출신의 사람들인 월북한 사람이나 친북한
적인 사람, 재외교포, 심지어 반동적인 성분에 속하는 사람들
까지 포용하는 것을 말한다. 새로운 구경거리란 월북한 사람이
나 친북한적인 사
람, 재외교포 등을
주요 인물로 하여
남한, 일본, 미국
등 자본주의 사회
의 풍요와 빈곤을
동시에 보여주고
있다는 것이다. 새
로운 구경거리는

예술영화 명령 「027호」

액션영화들 「홍길동」 「임꺽정」 「명령 027호」와 「민족의 운명」, 그 밖에도 설문조사에서 인기순위가 높은 영화들에서 공통으로 나타난다.

예컨대 1985년 「봄날의 눈석이(15표)」는 가난하고 불구 아버지를 둔 조총련계 청년 남수와 남한 쪽에 기반을 둔 부유한 교포 여성 영아의 사랑과 실연을 다룬 작품이다. 이 작품은 전후 세대의 이성에 관한 관심과 결혼에 대한 꿈, 실연의 아픔을 담으면서 일본의 화려하고 풍족한 물질적 삶을 담은 장면들과 남녀 간의 포옹장면, 여자의 나신 장면과 나신을 담은 사진, 셰익스피어의 「로미오와 줄리엣」을 읊는 대사, 여주인공의 자살시도 장면 등을 보여주고 있다.

아울러 1987년 「도라지 꽃(13표)」도 고향인 산간 오지에 사는 농촌여성과 그녀를 버리고 도시로 간 애인인 전기기사 원봉 간의 사랑 및 이별 그리고 죽음을 다룬 작품이다. 이 작품은 도시와 농촌 간의 격차 및 성분에 따른 계층 구분 탓에 생겨나는 정치·경제적 차별에서 오는 상실감 및 소외감을 다룸으로써 동시대 현실이 가지고 있는 구조적인 문제를 보여주고 있다.

이와 같이 관객들은 「봄날의 눈석이(15표)」와 「도라지 꽃(13표)」을 「이름 없는 영웅들(14표)」 「보증(11표)」 「조선의 별(10표)」 「군당책임비서(8표)」과 같이 김일성주의를 주제로 하는 전형적인 영화들과 함께 수용하고 있다.

관객의 이러한 수용은 영화의 선택이 제한된 범위 속에서 이루어진 자발적인 의식의 결과이다. 제한된 자발적인 참여자로서 관객은 취미 생활로 영화를 볼 때는 일상적인 갈등 등이 재현되는 영화를 즐긴다. 특히 미모의 여배우가 나온다거나 연인이 사랑하는 영화나 찐한 장면이 나오는 영화는 인기가 많아 이를 보기 위해 많은 노력을 들인다는 것을 알 수 있다.

특히 청소년 관객의 이러한 자발적인 관람의식은 청소년영화의 창작, 제작에서 청춘남녀들의 사랑 문제를 깊이 있게 형상화할 것을 요구하고 있다. 즉 청소년영화에서 사랑 문제를 담고 있지 않으면 청소년영화가 자기의 특성을 살려낼 수 없을 뿐만 아니라 관중의 환영을 받을 수 없다고 강조되고 있는 것이다.

따라서 관객은 기본적으로 김일성과 김정일의 주체혁명에 이바지하도록 강제하는 정치적 이데올로기로 영화를 수락하면서도 그 이데올로기가 허락하는 범위 안에서 수동적 수용성을 지양하려고 한다.

각주를 대신하여

이 책은 필자의 저서 『북한연극의 이해』 『북한 경희극』 『북한영화의 역사적 이해』와 관련 논문들을 중심으로 개괄적인 해설로 쓰였다. 그 논저들은 대략 2000년대 전반기 이루어진 연구들로써 2000년대 후반기에서 현재에 이르기까지의 결과는 대체로 신문과 잡지들 및 언론매체에 의존하여 쓴 것들이다. 북한연극 및 영화에 관한 기초적인 저술들을 참고로 제시하면서 마지막으로 고마움의 인사도 덧붙인다.

참고문헌

『문학예술사전(상/중/하)』 과학백과사전종합출판사, 1988.

김문환, 『북한의 예술』, 을유문화사, 1990.

김영규, 『북한의 문학·예술』, 통일연수원, 1991.

김재용, 『북한문학의 역사적 이해』, 문학과 지성사, 1994.

노세승, 『북한영화계』, 영화진흥공사, 1989.

백지한, 『북한영화의 이해』, 도서출판 친구, 1988.

서연호·이강렬, 『북한의 공연예술 I 』, 고려원, 1989.

서정남, 『북한영화탐사』, 생각의 나무, 1902.

신상옥·최은희, 『내레 김정일입네다』, 행림출판사, 1994.

영화진흥위원회, 『북한영화 인명사전』, 1903.

윤재근·이상호·박상천, 『북한의 문화정보 I, II』, 고려원, 1991.

전영선, 『북한의 문학예술 운영체계와 문예이론』, 역락, 1902.

전영선, 『북한의 문학과 예술』, 역락, 1904.

정병호·이병옥·최병선, 『북한의 공연예술 II』, 고려원, 1991.

정재형, 『북한영화에 대해 알고 싶은 다섯 가지 : 제 2세대 북한영화
　　연구』, 집문당, 1994.

최척호, 『북한영화사』, 집문당, 2000.

홍영철, 『한국영화도서자료편람 : 1925-1990』, 한국영상자료원,
　　1991.

한국비평문학회, 『북한 가극·연극 40년』 신원문화사, 1990.

북한의 대중문화
연극과 영화를 통해 본 북한 사회

펴낸날   초판 1쇄 2012년 4월 17일

지은이   **민병욱**
펴낸이   **심만수**
펴낸곳   **(주)살림출판사**
출판등록 1989년 11월 1일 제9-210호

경기도 파주시 문발동 522-1
전화 031)955-1350   팩스 031)955-1355
기획·편집 031)955-1374
http://www.sallimbooks.com
book@sallimbooks.com

ISBN   978-89-522-1792-9   04080

※ 값은 뒤표지에 있습니다.
※ 잘못 만들어진 책은 구입하신 서점에서 바꾸어 드립니다.

책임편집 **이소정**